<그리스도인이면 꼭 알아야 할 성경 지식>

호세아

제1권 내 백성이 지식의 부족으로 멸망하는도다(1-7장)

서울솔로몬학교 성경연수원

차 례

제 1 과 선지서와 성경의 예언 / 5

제 2 과 음란한 아내를 얻은 호세아(1장) / 15

제 3 과 이스라엘에 내려진 징계와 회복(2장) / 27

제 4 과 교회 시대의 이스라엘(3장) / 41

제 5 과 네가 나에게 제사장이 되지 못하리라(4장) / 47

제 6 과 나의 진노를 물같이 부으리라(5장) / 57

제 7 과 늦은 비와 이른 비처럼 오시리라(6장) / 67

제 8 과 에프라임은 뒤집지 않은 과자로다(7장) / 81

이 책에 인용된 성경 구절은 〈한글킹제임스성경〉 입니다.

제1과

선지자와 성경의 예언

『모든 선지서와 율법은 요한까지 예언한 것이라. 만일 너희가 그것을 받을 의향만 있다면, 오기로 되어 있는 엘리야가 바로 그 사람이니라. 들을 귀 있는 자는 들을지어다』(마 11:13-15).

왜 "소선지서"인가?

소선지서를 "소선지서"(小先知書, Minor Prophets)라고 부르는 이유는, 소선지서를 기록한 선지자들이 "대선지서"(大先知書, Major Prophets)를 기록한 선지자들보다 사역이나 능력에 있어서 더 열등한 사람들이었기 때문이 아니다. 임무의 중요성이 덜했기 때문도 아니다. **대선지서와 소선지서를 구분하는 기준은 매우 단순한데, 곧 "분량의 차이"인 것이다.** 대선지서는 상대적으로 분량이 많은 반면, 소선지서는 분량이 상대적으로 적다. 물론 "예레미야애가"는 분량이 얼마 안 되는 책이지만, 대선지서 예레미야를 기록한 선지자가 기록한 책이기 때문에 대선지서로 분류된다. 또한 소선지서인 호세아나 스가랴는 14개의 장으로서, 12개의 장으로 구성된 대선지서 다니엘보다 "장" 수가 더 많다. 하지만 다니엘은 "절" 수가 호세아보다 160구절이 더 많고 스가랴보다는 146구절이 더 많다. 단어의 개수도 현격한 차이를 보이는데, 〈킹제임스성경〉을 기준으로 다니엘은 호세아보다 6,428단어가 더 많고 스가랴보다 5,159단어가 더 많다.

■ 새롭게 깨달았거나 적용할 내용이 있다면 적어 보세요. ■

선지자와 선지서

1. "선지자"(Prophet)의 임무

성경에서 "선지자"라는 단어는 "아브라함"과 관련하여 처음으로 언급된다(창 20:7). 하지만 예언을 했다는 측면에서 실질적인 최초의 선지자는 "에녹"이었다(유 1:14). 하나님께서는 선지자들을 통해 구약의 경륜을 이끌어 오셨다. 성경 전체에서 "선지자"라는 단어는 483회, "선견자"(선지자로 불리기 이전에 사용되었던 표현, 삼상 9:9)라는 단어는 28회 나온다. 또한 "이름"이 명시된 선지자들은 49명이나 등장한다.

선지자들은 기본적으로 백성들이 하나님의 율법을 어김으로써 하나님께 죄를 지은 것에 대해 강력하게 "책망"했고, 미래에 일어날 일들(심판과 회복)을 "예언"했다.

선지자들이 주로 강조했던 메시지는 다음과 같다.

❶ 선지자들은 죄로 가득 찬 인간의 마음이 세상의 모든 재앙의 원천이라고 간주했다.

❷ 선지자들은 "이상주의자들"이 아니었고 오직 구원받은 "남은 자들"(remnants)에게만 희망을 갖고 있었다.

❸ 선지자들은 하나님께서 이방 민족들을 심판하실 것이라는 사실을 강조했다.

❹ 선지자들의 메시지는 항상 무오한 하나님의 말씀에 근거했다.

❺ 선지자들은 유일한 희망으로서 성경의 예언들을 성취하실 메시아를 제시했다.

❻ 선지자들은 모든 종류의 통합과 인종 혼합을 절대적으로 반대했다.

❼ 선지자들은 예수 그리스도의 재림과 왕권과 통치를 강조했다.

"선지자들"은 구약의 신정 통치에 있어서 그린베레나 공수부대 혹은 해병대 같은 사람들이었다. 이들의 유니폼에는 특수부대 요원임을 알리는 마크와 표식이 붙어 있었다. 특별한 임무를 맡았던 사람들인 것이다. 선지자들은 고통스러운 고난을 인내로 견뎌야 했고(약 5:10), 때로는 담(참호)을 파기도 했고(겔 8:8; 12:5), 맨몸과 맨발로 걸어야 했으며(사 20:2), 창녀와 결혼도 했고(호 1:2; 3:1), 잿더미에 앉아 있기도 했고(욥 2:8), 아내를 잃기도 했고(겔 24:18), 뺨을 얻어맞기도 했으며(미카야, 왕상 22:24), 감옥에 들어가기도 했고(렘 38:6), 목숨을 구하기 위해 도망치기도 했으며(엘리야, 왕상 19:3), 어린아이들에게 조롱도 당했고(엘리사, 왕하 2:23), 고래 뱃속에 들어가기도 했으며(욘 2:1), 돌에 맞아 죽었고(여호야다의 아들 스가랴, 대하 24:20-22), 목 베임을 당했고(침례인 요한, 막 6:27,28), 십자가에 처형을 당했다(예수 그리스도, 요 19:16-19).

2. 선지자들의 "활동 시기"[어셔(Ussher)의 연대표에 따른 구분]

포로기 "이전"의 선지자들	니느웨 사역	요나(Jonah)	B.C. 862
	북왕국 사역	아모스(Amos)	B.C. 787
		호세아(Hosea)	B.C. 785-725
	남왕국 사역	요엘(Joel)	B.C. 885-865
		이사야(Isaiah)	B.C. 760-698
		미카(Micah)	B.C. 750-710
		나훔(Nahum)	B.C. 713
		스파냐(Zephaniah)	B.C. 630
		하박국(Habakkuk)	B.C. 626
		예레미야(Jeremiah)	B.C. 629-588
		오바댜(Obadiah)	B.C. 583

포로기 "동안"의 선지자들	에스겔(Ezekiel)	B.C. 595-574
	다니엘(Daniel)	B.C. 607-534
포로기 "이후"의 선지자들	학개(Haggai)	B.C. 520
	스가랴(Zechariah)	B.C. 520-518
	말라키(Malachi)	B.C. 397

3. 소선지서의 주제

성경의 주제는 "왕국"이고, 구약의 주제는 "재림"이다. 특히 소선지서가 이 부분을 집중적으로 예언하고 있다. 초림에 관한 예언들도 일부 나오지만, 재림에 관한 예언들이 주를 이루고 있는 것이다.

1) "**호세아**"(전체 14장, 197절로 구성) : 재림 때 있을 "이스라엘의 회개와 회복"을 강조하고 있으며, 특히 "간음한 아내"로 예표되는 북왕국 이스라엘을 책망하는 가운데 그들을 회복시키시는 하나님의 역사를 보여 준다.

2) "**요엘**"(전체 3장, 73절로 구성) : 재림 때 있을 "아마겟돈 전쟁"과 "예수 그리스도의 승리"를 강조하는 가운데, 주의 날의 심판과 이스라엘의 영적인 회복을 다루고 있다.

3) "**아모스**"(전체 9장, 146절로 구성) : 재림의 여정과 예루살렘 주위에 있는 성읍과 나라들에 내려질 심판의 성격을 보여 주고 있으며, 우상 숭배의 죄를 책망하면서 "대환란의 고통"에 대해 예언한다.

4) "**오바댜**"(전체 1장, 21절로 구성) : 천년왕국에서의 "불못의 위치"가 에돔이라는 사실을 제시하는 가운데, 에돔에 대한 심판과 이스라엘이 그 땅을 차지할 것을 예언하고 있다.

5) "**요나**"(전체 4장, 48절로 구성) : 이방인들에게 말씀을 증거하도록 부르심

을 받은 "환란 시대의 유대인"을 가장 잘 예표해 주고 있으며, 특히 죽음에서 부활하신 "예수 그리스도의 위대한 예표"를 제시하고 있다.

6) "미카"(전체 7장, 105절로 구성) : 초림과 재림을 비교해 주는 가운데, 재림 때 있을 "남은 자들"을 통한 이스라엘의 회복과 왕국의 위대함을 예언한다.

7) "나훔"(전체 3장, 47절로 구성) : 바빌론의 예표로서의 니느웨를 다루는 가운데 재림 때에 나타날 상황들, 특히 "아마겟돈 전쟁의 상황"을 예언한다.

8) "하박국"(전체 3장, 56절로 구성) : "재림의 여정"을 강조하고, 범죄한 유다의 멸망과 하나님의 백성을 공격하고 괴롭힌 이방 민족의 멸망 그리고 "믿는 의인들," 곧 남은 자들을 통한 회복을 다루고 있다.

9) "스파냐"(전체 3장, 53절로 구성) : 재림의 "부정적인 성격"을 강조하고 있는데, 우상 숭배를 책망함과 동시에 아마겟돈 전쟁의 엄중한 심판을 다룬다.

10) "학개"(전체 2장, 38절로 구성) : 조만간 있을 "성전 건축"을 예표하는 가운데, 미래에 세워질 천년왕국 성전의 위대함에 그 예언의 초점이 맞춰져 있다.

11) "스카랴"(전체 14장, 211절로 구성) : 초림과 재림을 비교하는 가운데 "아마겟돈 전쟁 이후"의 상황을 자세하게 설명하고 있으며, 남왕국 유다의 심판과 회복을 다양한 환상들을 통해 예언하고 있다.

12) "말라키"(전체 4장, 55절로 구성) : 재림에 앞서서 주어지는 "최후의 경고들"을 다루고 있으며, 특히 주의 날이 오기 전에 있을 "엘리야의 사역"을 강조한다.

■ 새롭게 깨달았거나 적용할 내용이 있다면 적어 보세요. ■

4. 소선지서의 개요

선지서	이름의 뜻	활동 시기	예언 대상	시대적인 상황	예언의 핵심
호세아	하나님은 구원이시다	웃시야 ~ 히스기야	주로 이스라엘	우상 숭배로 멸망을 앞둠	이스라엘의 회복
요 엘	여호와는 하나님이시다	요아스 또는 웃시야	유다	유다에 대한 대규모 재앙	아마겟돈 전쟁
아모스	짐을 지우다	웃시야 여로보암 2세	주로 이스라엘	우상 숭배로 멸망을 앞둠	대환란
오바댜	주를 경배하는 자	예루살렘 파괴 직후	에돔	유다의 멸망 때 에돔의 죄	재림 때 에돔의 모습
요 나	비둘기	여로보암 2세	니느웨	니느웨의 죄를 경고함	그리스도의 예표
미 카	누가 여호와와 같은가	요담 ~ 히스기야	유다 이스라엘	이스라엘과 유다의 우상 숭배	왕국의 영광
나 훔	위로	히스기야 요시야	니느웨	앗시리아가 이스라엘을 짓밟음	적그리스도의 멸망
하박국	사랑의 포옹	유다 멸망 직전	유다 바빌론	유다의 극심한 죄	하나님의 공의
스파냐	여호와께서 감추셨다	요시야	유다	유다의 뿌리 깊은 죄	이방 민족의 멸망
학 개	명절에 태어난	포로 귀환 때	귀환한 유다	성전 재건이 중단된 상황	천년왕국 성전
스카랴	여호와께서 기억하시는 자	포로 귀환 때	귀환한 유다	예루살렘이 재건되지 않은 상황	이스라엘의 회복
말라키	나의 전달자	포로 귀환 약 1세기 후	귀환한 유다	귀환한 이후 오랜 시간의 영적 침체	왕의 오심

호세아는 어떤 책인가?

"호세아"는 "포로기 이전"(B.C. 785-725년, "어셔" 주교 연대표)에 사역한 선지자로 "이사야," "아모스," "미카"와 동시대에 활동했다(호 1:1, 사 1:1, 암 1:1, 미 1:1). "호세아"(Hosea)라는 이름의 뜻은 "구원" 또는 "구원이신 하나님"이다(cf. 민 13:8,16, 행 7:45, 히 4:8). "호세아"의 예언의 특징은 "비약적"이며, "은유적"이고 "비유적"이다(C.I. 스코필드). "비약적"이라는 말은 "시간 순서에 따라 순차적으로 예언하지 않았다"는 것을 의미하는데, "분량이 적은" 대부분의 소선지서들이 그런 특징을 갖고 있다. 또한 "은유적"이고 "비유적"이라는 것은 예언할 때 종종 "비유"를 사용했다는 의미이며, 이것 역시 선지서 대부분의 공통된 특징이다. "호세아"의 주제는 "재림 때 있을 이스라엘의 회개와 회복"이다.

"호세아"는 주로 "북왕국 이스라엘"을 향해 예언했고, 매우 강도 높게 그들을 책망하면서 "멸망"을 경고했다. 그들이 멸망한 원인은 당연히 "하나님을 대적하고 반역하여 지은 죄" 때문이었다(호 13:16). 반면에 "남왕국 유다"에 대해서는 다소 긍정적인 언급을 했는데(호 11:12), 아직까지는 그때가 "선한 왕들"(웃시야, 요담, 히스키야)의 시대였기(호 1:1) 때문이다. 그렇다고 해서 "칭찬"만 한 것은 아니었으니, 결국은 남왕국 유다도 "죄악"에 동참하기 때문이다(호 5:5,10; 6:4; 8:14).

특히 "호세아"는 하나님과 이스라엘의 관계를 "남편과 아내의 관계"로 묘사하고 있는데, 이런 관계는 동시대에 활동한 "이사야"를 통해서도 잘 제시된다. 『너

를 지으신 분이 네 남편이니 만군의 主가 그의 이름이며, 너의 구속주, 이스라엘의 거룩한 분이라. 그가 '온 땅의 하나님이라.' 칭함을 받으리라』(사 54:5). 『**너희 어미와 쟁론하고 쟁론하라. 이는 그녀가 내 아내가 아니고 나도 그녀의 남편이 아님이라. 그러므로 그녀로 그녀의 모습에서 음행을 자우게 하고 그녀의 가슴 사이로부터 간음을 자우게 하라**』(호 2:2). 이 두 구절에서 보듯이, 이스라엘이 "여호와 하나님의 아내"라고 했을 때, 비록 지금은 그들의 죄로 인해 "버림받은 상태"라 해도 나중에 재림 때는 반드시 "회복될 존재"로서의 "신부"이자 "아내"가 되는 것이다.

구약의 주제를 예수 그리스도의 재림으로 이해하고 선지서를 읽는 사람에게는 소선지서를 공부하는 것이 그렇게 어렵지만은 않을 것이다. 특히 역대기하 20:20에서는 이렇게 말씀한다. 『**오 유다와 너희 예루살렘 거민들아, 내게 들으라. 너희는 主 너희 하나님을 믿으라. 그리하면 너희가 견고하게 되리라. 그의 선지자들을 믿으라. 그리하면 너희가 성공하리라.**』 어떤 사람이 성공적인 인생을 살 수 있는가? 선지자들의 말을 듣는 사람이다. 인생의 마지막 문턱에서 누가 진정한 승리자인가? 선지자들의 말을 듣는 사람이다. 그래서 우리는 소선지서를 통해 하나님의 말씀을 전달해 주고 있는 선지자들의 말, 특히 그들을 통해 주시는 "예언의 말씀"에 주의를 기울여야 한다.

■ 새롭게 깨달았거나 적용할 내용이 있다면 적어 보세요. ■

NOTES

제2과

음란한 아내를 얻은 호세아(1장)

『호세아를 통한 **주**의 말씀의 시작이라. **주**께서 호세아에게 말씀하시기를 "너는 가서 음란한 아내를 얻어서 음란한 자식들을 낳으라. 이는 그 땅이 **주**로부터 떠나 크게 행음하였음이니라." 하시더라』(호 1:2).

호세아를 부르신 하나님

호세아 1장은 선지자 호세아가 어떤 배경 하에서 사역을 시작했는가를 보여 준다. <u>호세아는 자기 민족이 여호와 하나님과 "결혼"했다가 음행으로 "배반"한 상황에서 부르심을 받았다</u>. 우상 숭배, 곧 영적 음행은 육체적 음행과 밀접한 관계가 있다(민 25:1-8). 하나님께서는 우상 숭배에 빠진 이스라엘을 음란한 아내에 비유하면서 그들에 대한 말씀을 호세아가 전파하게 하셨다. 호세아 때의 이스라엘은 음행으로 인해 이혼증서(신 24:1)를 받은 아내와 같았다. 그러나 여호와 하나님께서는 이스라엘을 버림받은 아내처럼(2:1,14) 잠시 거부하시다가 그녀를 다시 받아들여 회복시키실 것을 말씀하신다(1:10,11). 『**너를 지으신 분이 네 남편이니 만군의 주가 그의 이름이며, 너의 구속주, 이스라엘의 거룩한 분이라. 그가 '온 땅의 하나님이라.' 칭함을 받으리라. 네가 거절 당했을 때 주가, 버림받고 영 안에서 슬퍼하는 여인같이, 젊은 아내같이 너를 불렀노라. 네 하나님이 말하노라. 잠시 동안 내가 너를 버렸으나 큰 자비로 내가 너를 모을 것이니라. 적은 진노로 내가 내 얼굴을 네게서 잠시 감추었으나 내가 영원한 인자함으로 네게 자비를 베풀리라. 주 네 구속주가 말하노라**』(사 54:5-8).

■ 새롭게 깨달았거나 적용할 내용이 있다면 적어 보세요. ■

음란한 아내의 음란한 자식들

『유다의 왕들로는 웃시야, 요담, 아하스와 히스기야의 시대요, 이스라엘 왕으로는 요아스의 아들 여로보암의 시대에 브에리의 아들 호세아에게 임한 **주**의 말씀이라. 호세아를 통한 **주**의 말씀의 시작이라. **주**께서 호세아에게 말씀하시기를 "너는 가서 음란한 아내를 얻어서 음란한 자식들을 낳으라. 이는 그 땅이 **주**로부터 떠나 크게 행음하였음이니라." 하시더라』(1,2절).

하나님께서는 호세아에게 "**음란한 아내**"를 얻으라고 하셨다. 호세아서의 시작부터 "음란함"을 문제 삼고 계시며 음란함에 관심을 갖고 계신다. 그렇다면 하나님께서 음란함을 좋아하시는 것인가? 결코 그렇지 않다. 인간의 음란함은 아담의 타락으로 생겨난 결과이기 때문이다. 하나님께서 인류의 첫 조상에게 부여하신 성(性)은 오로지 부부간의 결합을 위한 것이었다(창 2:24,25). 하지만 아담이 타락하자 그의 타락이 인간의 성에 직접적인 영향을 미쳤다. 하나님께서 인간을 창조하시자마자 그들의 성에 원칙을 부여하셨기 때문에, 아담의 타락은 성과 관련하여 가장 치명적인 손상과 왜곡을 가져올 수밖에 없었다. 즉 인간의 타락이 가장 많이 발견되는 곳이 바로 "**성의 타락**"이다.

1. 성경에서 발견되는 성적 타락의 예들

하나님의 아들들이 사람의 딸들에게 들어가 거인들을 낳은 일(창 6:4), 술 취해서 벌거벗은 노아에게 일어난 일(창 9:21-25), 롯을 찾아온 두 천사를 내

놓으라고 들이닥친 소돔의 동성연애자들(창 19:1-11), 아버지의 씨를 보존한다는 명목으로 자기 아비와 동침한 롯의 두 딸들(창 19:31-33), 야곱의 딸이 히위인 세겜에게 더럽혀진 일(창 34:1,2), 아비 야곱의 첩 빌하와 음행을 벌인 르우벤(창 35:22), 창녀로 가장한 며느리와 동침한 유다(창 38:12-15), 요셉을 유혹한 포티발의 아내(창 39:11,12), 시내 산 밑에서 금송아지를 숭배하며 벌거벗었던 백성들(출 32:25), 발라암의 계략에 걸려들어 모압의 딸들과 음행을 벌인 백성들(민 25:1), 한 미디안 여인을 데리고 이스라엘 진영의 장막 안으로 들어간 이스라엘 남자(민 25:6-8), 행음했다가 결국 베냐민 지파의 동성연애자들에게 윤간을 당하고 죽은 레위인의 첩(판 19장), 밧세바와 간음한 다윗(삼하 11:4), 누이 타말을 겁탈한 암논(삼하 13:14), 이스라엘의 목전에서 아버지 다윗의 첩들에게 들어간 압살롬(삼하 16:22), 간음하다 붙잡혀 온 여인(요 8:3,4), 아우 빌립의 아내를 취한 헤롯(막 6:17,18), 자기 아버지의 아내를 취한 사내(고전 5:1) 등 성경에는 아담의 타락이 가져온 성적 타락의 실제적인 예들을 보여 준다.

2. 성적 타락을 경고하시는 하나님

음행은 아담의 타락으로 영이 죽은 채로(엡 2:1) 태어나는 죄인이 하나님과의 관계 단절로 인해 추구하는 자기만족적 행위이다. 성도가 자신을 구원하신 하나님과의 관계를 끊고 육신을 위해 계획하면서 세상과 친구가 될 때도 음행이 뒤따른다. 『**너희 간음하는 남자들과 간음하는 여자들아, 세상과 친구 되는 것이 하나님과 원수 되는 것임을 알지 못하느냐? 그러므로 누구든지 세상의 친구가 되고자 하는 자는 하나님의 원수가 되느니라**』(약 4:4). 영적 음행이 육적 음행으로 귀결되는 것은 성도의 영적 음행에 음행의 영이 역사하기 때문이다.

인간에게 성을 주신 하나님께서는 신구약 성경에 성적 타락에 대해 경고하

신다. 십계명의 마지막 계명에서 "네 이웃의 아내를 탐내지 말라."(출 20:17)라고 경고하신다. 또 "레위기 18장"과 "레위기 20:7-21"에서 근친상간부터 동성연애, 수간에 이르기까지 광범위한 성범죄를 경고하시며 대부분의 경우에 "사형"을 선고하셨다. 음행으로 처녀성을 잃어버린 소녀에게는 투석형이 선고되었다(신 22:21). 레위인 제사장은 창녀와 결혼해서는 안 되었고(레 21:7), 그의 딸이 창녀짓을 하면 불태워 죽여야 했다(레 21:9).

하나님께서는 신약의 그리스도인들에게는 성적 범죄가 하나님의 나라를 상속받는 것을 막는다고 경고하신다(고전 6:9,10, 갈 5:19-21, 엡 5:5). 천년왕국에서 땅을 유업으로 받아 통치하기 위해서는 이 마지막 때에 "음욕으로 가득 찬 눈을 가지며 죄로부터 단절될 수 없고, 견고하지 못한 혼들을 유혹하는"(벧후 2:14) "타국 여인"(잠 5장)을 경계해야 한다(잠 5장). 주님께서는 우리가 "타국 여인"에게 걸려들면 "명예"와 "재물"과 "건강"(일례로 "성병"에 걸림)을 잃고 한탄할 것이라고 경고하신다(잠 5:8-14).

최근 일본에서는 코로나19가 한풀 꺾이면서 매독 환자가 남성은 9배, 여성은 무려 40배로 폭증했다. 언론은 일본에서 젊은층의 매독 환자가 증가하는 원인으로 "데이트애플리케이션"을 지목했다. 데이트앱을 통해 불특정 다수와 성관계를 하면서 감염 사례가 늘어난 것으로 분석한 것이다. 매독은 최악의 상황에는 심장과 신경 등에 이상이 생겨 실명하거나 사망에 이를 수도 있는 병이다.

3. 성도가 저지른 음행의 결과

1) 성도의 음행은 자기 몸에 짓는 죄이다. 『너희의 몸이 그리스도의 지체인 줄을 알지 못하느냐? 내가 그리스도의 지체를 가지고 창녀의 지체로 만들겠느

냐? 결코 그럴 수 없느니라. 또한, 창녀와 합하는 자는 한 몸인 것을 너희가 알지 못하느냐? 그가 말씀하시기를 "둘이 한 몸이 되리라."고 하셨느니라. 그러나 주와 합하는 자는 한 영이니라. 음행을 피하라. 사람이 범하는 죄마다 몸 밖에 있지만 음행하는 자는 자기 몸에 죄를 짓는 것이라. 또한, 너희 몸은 너희가 하나님으로부터 받은 바 너희 안에 계신 성령의 전인 것을 알지 못하느냐? 너희는 너희 자신의 것이 아니니라. 너희는 값을 치르고 산 것이니 그러므로 하나님의 것인 너희 몸과 너희 영으로 하나님께 영광을 돌리라』(고전 6:15-20).

2) 음행은 정당한 이혼의 사유가 된다. 『내가 너희에게 말하노니, 누구든지 음행한 연고 외에 자기 아내를 버리는 자는 그녀로 간음하게 하는 것이요, 또 누구든지 이혼당한 여자와 혼인하는 자도 간음하는 것이라』(마 5:32, cf. 마 19:9).

3) 혼인의 침상을 음행과 간음으로 더럽히는 자들에게는 하나님의 심판이 있다. 『혼인은 모든 면에서 귀한 것이니 침상을 더럽히지 않게 하라. 음행하는 자들과 간음하는 자들을 하나님께서 심판하시리라』(히 13:4).

4) 음행에 대한 심판은 "죽음"일 수도 있다. 『그러한 자를 사탄에게 넘겨주어 그 육신은 멸망케 하여도 그 영은 주 예수의 날에 구원받게 하려 함이라』(고전 5:5). cf. 요한일서 5:16

◆ 호세아가 음란한 아내를 얻어야 했던 이유 ◆

호세아의 아내는 직업적인 창녀이거나 간음을 일삼는 여자이거나 오늘날 유행하는 "자유연애"주의자일 수 있다. 호세아의 삶은 에스겔과 마찬가지로(겔 12:4-7) 같은 시대를 살았던 사람들에게 의미 있는 교훈이 되어야 했다. 디블라임(3절)의 딸 고멜이 "음란한 자식들"(2절)을 낳은 것은 『이는 그 땅이 **주**로부터 떠나 크게 행음하였음이니라.』(2절)라는 사실을 입증한다.

호세아의 첫째 아들 이스르엘

『그러므로 그가 가서 디블라임의 딸 고멜을 취하였더니 그녀가 임신하여 그에게 아들을 낳았더라. **주**께서 호세아에게 말씀하시기를 "그의 이름을 이스르엘이라 하라. 조금 있다가 내가 이스르엘의 피를 예후의 집에 갚을 것이며 이스라엘 집의 왕국을 그치게 할 것이요, 그 날에 내가 이스르엘 골짜기에서 이스라엘의 활을 꺾으리라." 하시더라』(3-5절).

하나님께서는 호세아가 고멜을 통해 낳은 첫째 아들의 이름을 "이스르엘"로 지으라고 명령하셨다. **이스르엘은 "하나님께서 심으시다"와 "하나님께서 흩으시다"라는 이중적인 의미가 담겨 있다**. 그 이름은 예후가 흘린 "이스르엘의 피"와 관련된 것으로, 예후는 "하나님께서 심으신 사람들의 피"를 흘린 죄로 인해 그의 집이 심판을 받게 된다. 이스르엘은 예후가 아합의 집안에게 행한 극단적인 심판과 관련된 곳이다. 예후는 아합의 온 집을 치라는 명령을 받았지만(왕하 9:8,9, cf. 왕상 21:21-24) 그러는 과정에서 "하나님께서 심으신 것"까지 치는 우를 범했다. **예후는 하나님께서 허락하신 범위를 넘어서 유다 왕 아하시야와 그의 42명의 친척들까지 불필요하게 살해했다(왕하 9:27: 10:13,14)**. 즉 "열정이 지나치면 해로운 법"이다(롬 10:2,3). 이후로 예후는 그의 마음을 다하여 주 하나님을 따르지 않았고 여로보암의 죄들로부터 떠나지 않았다. 그때부터 주님께서는 이스라엘을 조금씩 잘라내기 시작하셔서 시리아 왕 하사엘로 하여금 이스라엘의 모든 지경에서 이스라엘을 치게 하셨다(왕하 10:31-33).

호세아서 본문인 『**조금 있다가 내가 이스르엘의 피를 예후의 집에 갚을 것이며 이스라엘 집의 왕국을 그치게 할 것이요, 그 날에 내가 이스르엘 골짜기**

훌레호수
악십
하솔
예벨예마크
악코
카나
루마
갈릴리
갈릴리 바다
골란
키손강
갈멜산
므깃도 골짜기
아르묵강
므깃도평원
돌
므깃도
이스르엘
와디 세르카
타아낙
벧스안
함
이블르암
도담
아벨므홀라
사론 평원
사마리아
티르사
에브라임 산지
에발산
세겜
그리심산
요단 강
숙곳
얍복강
브니엘
아담
요단 계곡
야셀
길르앗
롯
랍바
벧엘
림몬
아얄론 골짜기
머스파
믹마스
길갈
브돈
아얄론
라마
여리코
싯팀
기브아
아나돗
헤스본
엘르알레
팀나
예루살렘
십마
벧세메스
느보
베들레헴
키라다임
메드바
소코
느토바
모레셋
아둘람
트코아
마레사
아타롯
헤브론
크리욧

에서 이스라엘의 활을 꺾으리라.』(4,5절)라는 예언은 "이중적"으로 성취된다.

첫째, 이스라엘이 앗시리아 왕에게 패배하여 끌려가는 사건에서 성취된다(왕하 18:9-12). 이 점은 "이스르엘"의 뜻 가운데 하나인 "하나님께서 흩으시다"에 적용된다.

둘째, 이스르엘 골짜기가 장차 "아마겟돈 전쟁"이 일어나는 "므깃도 평원"에서 요단 강으로 향하는 골짜기이므로 "이스르엘 골짜기에서 이스라엘의 활을 꺾으리라"는 예언은 "재림"과 관련이 있다. 이스르엘에는 "하나님께서 심으시다"라는 뜻도 있기 때문에 이 예언의 두 번째 적용은 이스라엘이 또다시 흩어지는 대환란의 끝에 아마겟돈 전쟁이 있게 되는데, 그때 적그리스도의 군대가 패배하고 이스라엘이 회복되는 것에 있다. 호세아 2:21-23에 따르면(21절의 "그 날"), 호세아 1:5의 "그 날"은 재림 때 있을 이스라엘의 회복과 관련된 표현이다. **『그 날에 내가 들으리라. 주가 말하노라. 나는 하늘들을 들을 것이요, 그들은 땅을 들으리라. 또 땅은 곡식과 포도주와 기름을 들을 것이요, 그들은 이스르엘을 들으리라. 내가 땅에서 나를 위하여 그녀를 심고, 내가 자비를 얻지 못하였던 그녀를 위하여 자비를 베풀리라. 또 내가 내 백성이 아닌 자들에게 말하기를 "너는 내 백성이라." 하리니, 그들이 말하기를 "주는 나의 하나님이시니이다." 하리라』**(2:21-23). **『그 날에 내가 이스르엘 골짜기에서 이스라엘의 활을 꺾으리라』**(1:5). **이스라엘은 대환란 때 그들의 활이 꺾일 것이고(5절), 그 뒤 대환란 끝에 부활한 그들의 "우두머리," 곧 "다윗"(겔 34:23) 아래에서 다시 모일 것이다(호 1:11)**.

■ 새롭게 깨달았거나 적용할 내용이 있다면 적어 보세요. ■

"로루하마"와 "로암미"에서 급변하는 예언

호세아의 두 번째 아이는 "로루하마"("사랑받지 못하는," "동정을 받지 못하는")이다(6절). 이 이름은 같은 절의 『내가 다시는 이스라엘 집에 자비를 베풀지 아니하고』에 정의된다. 반면 하나님께서 유다 집에는 자비를 베푸시는(7절) 이유는 북이스라엘이 죄악을 행하던 이 시기에(B.C. 680-670) 남유다가 북쪽의 열 지파에서 찾아볼 수 있었던 배교의 극치에는 도달하지 않았기 때문이다. 당시 유다는 『여전히 하나님과 함께 다스리며 그 성도들과 더불어 신실하도다.』(호 11:12)라는 평가를 받았다.

호세아의 아내 고멜이 로루하마를 젖뗀 후에 임신하여 낳은 아들의 이름은 "로암미"("나의 백성이 아니다")로 지었다. 『이는 너희가 내 백성이 아니요 내가 너희의 하나님이 되지 않을 것임이라』(9절). 하지만 1장의 분위기는 다음 구절에 가서 급변한다. 『그러나 이스라엘 자손의 수가 바다의 모래같이 되어서 측정할 수도 없고 셀 수도 없게 되리라. 전에 그들에게 말하기를 '너희는 내 백성이 아니라.' 했던 그곳에서 그들에게 '너희는 살아 계신 하나님의 아들들이라.' 고 말하리라. 그때 유다 자손과 이스라엘 자손이 함께 모여 자기들에게 한 우두머리를 세우고 그 땅에서 올라오리니, 이는 이스르엘의 날이 클 것임이라." 하시더라』(10,11절). 이 부분은 재림 때 이스라엘(10절)과 유다(11절)의 영구적 회복을 다룬다. 호세아서는 다른 선지서들과 마찬가지로 "재림"에 초점이 맞춰져 있다. 하나님께서는 이스라엘을 죄로 인해 치시고 그분의 백성이 아니라고 하셨다가도 『자기 백성의 터진 자리를 싸매시고 매맞은 상처를 치유하시는 날에』(사 30:26), 곧 재림 때 그들을 영원히 회복시킬 것이다. 『오라, 우리가 **주**께로 돌아가자. 이는 그가 찢으셨으나 우리를 낫게 하실 것이요, 그가 치셨으나 우리를 싸매어 주실 것임이라. 이틀 후에 그가 우리를 살리시며, 셋째

날에 그가 우리를 일으키시리니, 우리가 그의 목전에서 살리라』(호 6:1,2).

그리스도인은 우리를 우리의 죄로 인해 "아프게 하시다가 싸매시며 상처를 내시다가 그의 손으로 온전하게 하시는"(욥 5:18) 하나님을 잊지 말아야 한다. 하나님의 징계가 당시에는 즐겁지 않고 슬픈 것 같으나 후에 그로 인하여 훈련된 자들에게는 화평한 의의 열매를 맺는다. 하나님의 자녀들은 아버지께 징계를 받을 때 맥없이 처진 손과 쇠약한 무릎을 일으켜 세우고 그의 발을 위하여 곧은 길을 만들어 절뚝거리는 다리로 길에서 벗어나지 않고 오히려 고침을 받게 해야 한다(히 12:11-13). 때리신 후 매맞은 상처를 치유하시는 하나님을 믿어야 한다.

■ 새롭게 깨달았거나 적용할 내용이 있다면 적어 보세요. ■

NOTES

제3과

이스라엘에 내려진 징계와 회복(2장)

『내가 땅에서 나를 위하여 그녀를 심고, 내가 자비를 얻지 못하였던 그녀를 위하여 자비를 베풀리라. 또 내가 내 백성이 아닌 자들에게 말하기를 "너는 내 백성이라." 하리니, 그들이 말하기를 "주는 나의 하나님이시니이다." 하리라』(호 2:23).

이스라엘의 반역과 징계, 그리고 회복의 역사

이스라엘은 하나님께서 택하신 민족이다(신 7:7). 하나님께서는 그들을 이집트 땅 곧, '철 용광로'에서 이끄시어 그분께 『**유업의 백성**』이 되게 하셨다(신 4:20). 하지만 그들은 출애굽 과정에서 늘 불평과 반역만을 일삼았고, 심지어 약속의 땅에 이르러서도 하나님의 명령에 불순종하며 자기 눈에 옳게 보이는 대로 행했다. 그때마다 그들을 바로잡으시는 "하나님의 징계"와 회개하는 그들에 대한 "하나님의 자비하심"이 반복되었다. 그런데도 그들은 여전히 하나님의 통치를 거부하며, 심지어 인간 왕을 원했던 것이다. 결국 이스라엘은 사울의 불순종과 죽음, 그리고 다윗의 통치와 통일왕국에 이르렀다. 그러나 이후 솔로몬은 이방 여인들을 아내로 두면서 우상숭배가 절정에 이르렀고, 왕국의 분열로까지 이어졌다. 결국 유다는 바벨론으로, 이스라엘은 앗시리아로 끌려가며 이방들에게 수치와 조롱거리가 되고 말았다.

이스라엘의 반역으로 인한 이러한 "디아스포라"는 1948년 벨푸어 선언 이전까지 이어졌다. 하지만 성경은 그것으로 끝이 아니라, 그들이 또다시 『**고난의 용광로**』를 통과해야 한다고 말씀하신다(사 48:10, cf. 계 2:22). 이스라엘은 이러한 끔찍한 정화의 과정을 거친 후에야 죄들이 용서받고, 민족적으로 회복되어 더 이상 다른 곳으로 옮겨지지 않을 것이다(사 33:20, 암 9:15). 그리고 전쟁도 없고(미 4:3), 땅과 모든 자연계의 질서가 회복되는 왕국, 곧 예수 그리스도께서 통치하시는 왕국의 백성으로 자리매김하게 된다(사 11:7; 65:25).

“이스라엘의 반역”에 대한 하나님의 입장

1. “음행과 간음”을 제거하라.

『너희는 너희 형제에게는 ‘암미.’라 하고 너희 자매에게는 ‘루하마.’라 하라. 너희 어미와 쟁론하고 쟁론하라. 이는 그녀가 내 아내가 아니고 나도 그녀의 남편이 아님이라. 그러므로 그녀로 그녀의 모습에서 음행을 지우게 하고 그녀의 가슴 사이로부터 간음을 지우게 하라』(1,2절).

앞선 1장이 “하나님께서 호세아에게 이르시는 말씀”(1:2,4,6,9)에 관한 기록이라면, 2장은 “호세아가 이스라엘에 전하는 하나님의 말씀”을 기록하고 있다. 본문 1절에서 호세아는 이스라엘로 그들의 형제와 자매에 대해 『**암미**』(“나의 백성”)와 『**루하마**』(“가엾게 여겨지는”)라는 이름으로 부르라 명령하고 있다. 하지만 이것은 이스라엘에 당장 나타나는 “하나님의 자비”에 관한 것이 아니라, 장차 있을 “이스라엘의 회복”을 염두에 두고 이르는 명령이다. 즉 이스라엘은 아직 회복되지 않았기 때문에 “바르게 살아가야 할 필요가 있는 부정한 아내”로 규정한 것이다. 그래서 하나님께서는 너희 어미와 쟁론하라고 명령하고 계신다(2절).

본문 2절에서 『**너희 어미**』는 1장에서 언급된 “고멜”로 이스라엘에 비유된다. 또한 『**그녀가 내 아내가 아니고**』라는 말씀은 남편을 버젓이 두고, 다른 남자와 “결혼”한 이스라엘을 두고 비꼬신 말이다. 결국 창녀짓을 행한 간음한 여인에 비유한 것이다(5절, cf. 롬 7:3). 하나님께서는 이러한 이스라엘의 극심한 음행에 대해 선지자 에스겔을 통해서도 적나라하게 지적한 바 있으시다. 『**너는 모**

든 길머리에다 너의 산당을 세우고 네 아름다움을 혐오스럽게 하여 지나가는 모든 사람들에게 네 다리를 벌려 네 음행을 많이 행하였도다』(겔 16:25). 이뿐 만 아니라 이스라엘은 지극히 육신적인 이웃 "이집트인들"과도 음행을 저질렀고, 심지어 "필리스티아인의 딸들"조차 그녀의 음란한 행위를 부끄럽게 여길 정도였다. 또한 그녀는 "앗시리아인들"과도 음란한 짓을 행하고서도 여전히 만족할 수 없었다(겔 16:26-28).

2. "음란한 자식들"에게는 결코 자비를 베풀지 않는다.

『이는 내가 그녀를 벌거벗겨서 그녀가 태어난 날과 같이 그녀를 두어, 그녀를 광야같이 되게 하고 마른 땅처럼 두어서 목말라 죽게 하지 않도록 하려 함이라... 그들의 어미는 창녀짓을 하였고 그들을 임신했던 그녀는 수치스럽게 행하였으니, 이는 그녀가 말하기를 "나는 나와 연애했던 자들을 따라가리라. 그들이 내게 내 빵과 내 물과 내 양모와 내 아마와 내 기름과 내 술을 주는도다." 하였음이라』(3-5절).

하나님께서는 이스라엘이 "벌거벗겨지고, 광야같이 되며, 그녀가 목말라 죽게 되는 것"을 바라지 않으신다(3절). 하지만 이스라엘의 간음으로 인해 참담한 그 일이 문자적으로 그들에게 이루어지고 만다. 하나님께서 바라시는 일은 이스라엘이 민족적으로 회복될 그날에 이루어지지만, 그에 앞서 간음한 이스라엘에 대한 하나님의 심판이 먼저 이루어져야만 한다. 그런 후에야 그들이 자신의 죄악들을 청산하고, 하나님과의 관계를 회복하며, 이후에 그녀의 젊은 시절로 돌아올 것이다. 특히 『**음란한 자식들**』(4절, 1:2)은 하나님께서 정해놓으신 "경계"(행 17:26)를 벗어나 불법적인 관계에서 생겨난 것이다(창 6:2).

본문 5절에서 이스라엘이 『**연애했던 자들**』(lovers)은 남편이 아니므로 그녀는 창녀 짓을 한 셈이다(렘 3:1l; 4:30; 30:14, 애 1:2,19, 겔 16:33; 23:4,5,9,44). 그 뿐 아니라 자기를 도와줄 것이라 여기며 애인들을 따라갔고(5:13), 물질적인 부를 보고 그들을 쫓아갔다(cf. 겔 16:15-50). 때로는 그들의 이교도적인 종교 풍습을 받아들이기도 했다(7:11). 이것이 이스라엘의 죄악이며, 특히 솔로몬이 저지른 음행과 타락이다(왕상 11:1-8). 심지어 이스라엘은 자신들이 누린 "복들"(신 28:2-14)에 대해 하나님이 아닌 대적들의 친절로 그 공로를 돌렸다. **『그들이 내게 내 빵과 내 물과 내 양모와 내 아마와 내 기름과 내 술을 주는도다.』**(5절). 하지만 하나님께서는 그들의 "죄악"(4:6,12,17; 6:9-11; 7:1,4,17,16; 8:14; 9:7; 10:4; 13:2)으로 인해 그들에게 베푸신 복들을 거두어가셨다. 그런데도 그들에게는 다른 민족들에 주어지지 않은 회복에 대한 약속이 있다. 다만 그 회복은 오직 그녀를 벌거벗기고, 광야같이 되게 하고, 마른 땅처럼 목말라 죽게 되는 대환란 이후에야 이루어진다(3절, cf. 단 7:13,14, 사 59:21, 욜 3:20, 렘 31:33-37, 시 72:5-17).

◆ 성도들이 사랑해야 할 대상("lover")은? ◆

마지막 때에 두드러지게 나타나는 현상 중 하나가 하나님을 사랑함보다는 "자기를 사랑하고 쾌락을 사랑하는 것"이 더하다. 『사람들이 자기를 사랑하고 ... 자만하고 쾌락을 사랑하는 것이 하나님을 사랑하는 것보다 더하며』(딤후 3:2-4). 또한 성경은 세상을 사랑하지 말고(요일 2:15, 딤전 6:10, 딤후 4:10), 그리스도 안에 있는 지체들을 사랑하며(요일 3:23), 진리를 기뻐할 것을 말씀하신다(고전 13:6). 나아가 『대접하기를 좋아하고[a lover of hospitality], 선한 사람들을 좋아하며[a lover of good men], 신중하고 정의로우며, 거룩하고 절제』(딛 1:8)해야 할 것을 성도들에게 권면하고 있다.

"이스라엘의 회복"을 위한 하나님의 징계들

1. 첫 남편에게로 돌이키게 하는 "가시울타리"

『그러므로 보라, 내가 가시로 네 길에 울타리를 치고 담을 만들어 그녀로 길을 찾지 못하게 하리라. 그녀는 그녀와 연애했던 자들을 따라갈 것이나 그들을 따라잡지 못할 것이요, 그녀는 그들을 찾겠으나 발견하지 못하리라. 그때서야 그녀가 말하기를 "내가 가서 내 첫 남편에게로 돌아가리니, 그때가 지금보다 내게 더 나았음이라." 하리라. 이는 내가 그녀에게 곡식과 포도주와 기름을 주었으며 그녀의 은과 금도 여러 배로 늘려 주었다는 것을 그녀가 몰랐기 때문이니, 그들이 그것들을 바알을 위하여 예비하였느니라』(6-8절).

이스라엘은 "남편"(하나님)을 배반하고 "다른 자"(바알)와 연애함으로써 "불의한 관계"를 맺었다(고후 6:14). 심지어 이스라엘에 주어진 물질적인 복들 곧, 곡식과 포도주와 기름, 그리고 은과 금 등은 모두 하나님께서 주신 것인데도, 오히려 그것들로 마귀에게 제사를 지낸 것이다(8절). 『**그 즈음에 그들이 송아지상을 만들어 그 우상에게 제물을 바치며 그들 자신의 손으로 만든 것을 놓고 기뻐하였느니라.**』(행 7:41). 이 때문에 하나님께서는 가시울타리로 벽을 만드시어 그녀가 엉뚱한 길로 가지 못하게 하고, 그녀의 비뚤어진 부분을 바로잡으시려고 작정하신다(cf. 민 22:26). 성경에서 『**가시**』는 "죄"와 관련이 있다(창 3:18, 삼하 23:6, 판 8:16). 특히 십자가의 고난에 앞서 주님께서 쓰신 "가시 면류관"은 우리의 죄를 위해 받으신 죄에 대한 징계를 나타낸다. 결국 연애하던 자를 좇아 환락에 빠졌던 이스라엘은 "가시울타리"로 둘러싸인 미로에 갇힌 자신을 발견하고서 그녀의 첫 남편에게로 돌아가기로 결심한다(7절, 눅 15장).

역사를 거슬러 올라가 보면 하나님께서 솔로몬에게 지혜와 장수와 부를 주셨지만, 그가 이방의 아내들과 신들을 둠으로써 그것들에 마음을 빼앗기고 결국 모든 물질적인 것도 빼앗기고 말았다. 이후 이스라엘은 자기 백성을 구원하시기 위해 오신 메시아를 십자가에 못 박고, 저주의 맹세를 함으로써 금으로 된 성전의 기명들도 모두 빼앗겼다. 심지어 시간이 한참 흐른 뒤에도 디아스포라를 겪은 그들은 히틀러에게도 모든 것을 빼앗겼다. 이 모든 것들은 결국 그들이 『**주**』를 따르기보다는 다른 신들을 좇았기 때문에 받게 된 징계이다. 이런 사례는 오늘날에도 마찬가지다. 하나님께서 주신 시간과 재물, 주어진 은사, 건강에 대해 감사하지 않고, 오히려 세상을 위해 사용하고 있다면 그를 주님께로 돌이키도록 그 앞에 "가시울타리"를 치실 것이다.

2. "바알의 날들"에 내려진 여러 가지 징계들

『그러므로 내가 돌아가서 내 곡식을 그것의 때에, 내 포도주를 그것의 시기에 제하여 버리고 그녀의 벌거벗음을 가리기 위해 주었던 내 양모와 내 아마를 회수하리라… 그녀가 귀고리와 보석으로 자신을 단장하고 그녀가 연애했던 자들을 따라가며 나를 잊어버리고 바알들에게 분향했던 바알의 날들에 내가 그녀를 감찰하리라. **주**가 말하노라』(9-13절).

이스라엘은 귀고리와 보석으로 자신을 단장했고, 그녀가 연애했던 자들을 따라갔으며, 첫 남편인 하나님을 잊어버리고, 남편이 아닌 바알들에게 분향했다. 그녀의 음행이 어찌나 널리 퍼졌던지 바알에게 예물을 바치던 날들을 『**바알의 날들**』이라고 칭하고 있다(13절). 이러한 음행으로 인해 하나님께서는 그들에게 징계를 내리시는데, 먼저 ❶ 하나님께서 주신 곡식을 그것의 때에, 또 포도주를 그것의 시기에 제하여 버리고 그녀의 벌거벗음을 가리기 위해 주었던 "양모와 아마"를 회수하신다(9절). 이스라엘은 자신의 벌거벗음을 가리기 위해 주어진 양모와 아마로 자신의 벌거벗음을 가리지 않았다. 『**그녀가 그처럼 자기의 음란함을 드러내고 자기의 벌거벗음을 드러냈으니**』(겔 23:18).

❷ 설령 자신의 음란과 수치를 가리고자 애쓰더라도, 빛으로 모든 것을 드러내시는 분 앞에서는 낱낱이 드러나고 만다. 『**그녀와 연애했던 자들 앞에서 그녀의 추잡함을 드러내**』신다(10절). ❸ 이어진 본문 11절에서는 '그녀의' 명절 날들과 '그녀의' 새달들과 '그녀의' 안식일들과 '그녀의' 모든 엄숙한 명절들에 '그녀의' 모든 환희를 그치게 하시는데, 이는 그것이 '주'의 엄숙한 명절들이나 새달들이나 안식일들이나 아니기 때문이다. 솔로몬과 에스라와 느헤미야는 이스라엘의 하나님께서 정하신 명절들을 신실하게 지켰고, 그것을 회중들 앞에서 공표했다(대하 2:4, 대하 8:13). 하지만 이와는 정반대의 길을 걸은 자들에 대해서 하나님께서는 견딜 수 없으셨다. 『**헛된 예물을 더 이상 가져오지 말라. 분향은 내게 가증함이요, 새 달들과 안식일들과 집회들을 모으는 것도 내가 견딜 수 없으니 심지어 엄숙한 모임까지도 악한 것이니라. 너희의 새 달들과 정한 명절들을 내 혼이 싫어하노라. 그것들은 내게 짐이요, 내가 지기에 피곤하노라**』(사 1:13,14, cf. 암 8:5, 렘 15:6).

❹ 마지막으로 하나님께서는 그녀가 "나와 연애했던 자들이 내게 준 보상이라." 말한 포도나무와 무화과나무들을 멸하시고, 그것들로 삼림이 되게 하여 『**들의 짐승들**』(2:18, cf. 겔 34:25)로 그것들을 먹게 하신다(12절). 특히 『**삼림이 되게 하여**』라는 말씀은 땅을 황폐케 한다는 의미이다(사 29:17, 32:15, 렘 26:18). 이러한 징계는 하나님께서 이스라엘 백성에게 율법을 통해 이미 경고

하신 것들이다(레 26장, 신 28장, 왕상 8장). 아모스 4:6-11에서도 이스라엘 백성이 주께로 돌이키도록 행하신 하나님의 징계들이 여럿 기록되어 있다. 하지만 이러한 노력에도 불구하고 이스라엘은 『**너희가 내게로 돌아오지 아니하였느니라**』(암 4:6, 7-8, 9, 10, 11)는 책망을 듣는다.

◆ 그대는 무엇으로 옷 입을 것인가? ◆

이스라엘의 제사장들은 주님을 섬길 때 예복을 입는다(출 31:10, cf. 왕하 22:14). 그런데 그들이 지금 "이방의 예복"을 입고 주님을 섬기노라고 한 것이다. 『**주의 희생의 날이 오리니, 내가 고관들과 왕의 자녀들과 이방의 예복으로 옷입은 모든 자들을 벌할 것이라**』(습 1:8). 결국 그런 악을 행하면서도 "종교적인 위선"을 행하는 자들(마 23:33, 27-28, 왕하 10:22)에게는 오직 하나님의 심판만이 있을 뿐이다. 오늘날에도 주 예수 그리스도의 보혈로 거듭난 성도들을 향해 성경은 "주 예수 그리스도"로 옷 입으라고 말씀하고 있지만(롬 13:14), 카톨릭과 종교인들은 하나님의 의가 아닌 "종교적인 의"로 옷을 입으려 한다(마 23:28). 심지어 그들은 이스라엘이 지키는 종교의식이 마치 자기들에게 주어진 양 지키고 있지만, 결국 주께서 통치하시는 천년왕국에 이스라엘에 명하신 명절들이 온전하게 지켜질 것이다. 『**주가 말하노라. 새 달부터 그 다음 새 달까지, 또 안식일부터 그 다음 안식일까지 모든 육체가 내 앞에 경배하러 오리라**』(사 66:23, cf. 겔 45:17).

■ 새롭게 깨달았거나 적용할 내용이 있다면 적어 보세요. ■

하나님과의 관계를 회복하는 이스라엘

1. 이스라엘에 넘치는 "위로와 소망과 기쁨"

『그러므로 보라, 내가 그녀를 꾀어 광야로 데려가서 그녀에게 위로하여 말하리라. 또 내가 거기에서 그녀에게 그녀의 포도원을 주고 아콜 골짜기로 소망의 문을 삼으리니, 그녀가 거기에서 그녀의 젊은 시절처럼, 또한 그녀가 이집트 땅에서 올라오던 날처럼 노래하리라』(14,15절).

본문 14절부터는 "이스라엘의 회복"을 다루고 있는데, 그들의 회복은 15절에서 언급했듯이 『**이집트 땅에서 올라오던 날**』과 같이 문자 그대로 반복될 것이다. 이스라엘은 대환란을 피해 민수기에서 방황했던 그 광야로 들어가 특별한 방법으로 부양받게 될 것이다(계 12:14). 과거에도 그러했듯이 이스라엘 가운데서 거역하는 자들은 제거될 것이고(겔 20:38), 오직 남은 자들만이 "천년왕국"이라는 안식의 땅으로 들어갈 준비를 하게 될 것이다. 그러므로 이스라엘의 회복은 "예수 그리스도의 재림"과 관련이 있다. 본문 15절에서 『**아콜 골짜기**』를 언급하신 것도 그런 연유에서다. 아콜 골짜기는 "아이" 전투에서 패배한 원인이 된 "아칸의 죄"에 대한 징계로 그와 그의 가족을 불로 태우고 돌무더기를 쌓은 장소이다(수 7:25,26). 그런데 그곳을 하나님께서는 소망의 문을 삼겠다고 약속하고 계신다. 다시 말해 극단적인 저주와 절망에서 극적인 소망과 구원의 모습으로 바뀌고 있다. 『**사론이 양떼의 우리가 되겠고 아콜 골짜기는 소떼가 눕는 자리가 되며, 나를 찾는 내 백성을 위한 자리가 되리라**』(사 65:10).

이처럼 여호수아 때의 사건을 예수 그리스도의 재림을 말하는 문맥과 연결하고 있는 것은 여호수아의 정복 전쟁이 재림에 있을 전쟁의 예표이기 때문이다. 공교롭게도 이 예언을 기록하고 있는 호세아 또한 여호수아와 같은 이름이다(신 32:44). 또한 여호수아가 여리코 성을 일곱 번 돌았듯이 대환란 또한 칠 년간의 기간이다. 이뿐 아니라 저주받은 여리코 성읍이 무너졌듯이 대환란 때에는 큰 창녀인 큰 도성 바빌론도 마찬가지로 무너질 것이다(계 18장). 그러므로 이스라엘과 관련된 역사는 한낱 과거의 사건으로 멈춘 것이 아니라, 그들의 민족적인 회복과 함께 재현될 것이다.

2. 이스라엘에 영원히 기억되는 이름

『**주**가 말하노라. 그 날이 이르리니 너는 나를 이쉬라 부르고, 다시는 나를 바알리라 부르지 아니하리라. 내가 그녀의 입에서 바알들의 이름들을 제거하리니 그들이 다시는 그들의 이름으로 기억됨이 없으리라』(16,17절).

『**이쉬**』(Ishi, אִישִׁי)는 아내와 남편과의 유대 관계를 강조할 때 사용되는 단어로 "나의 남편"이라는 뜻이다. 반면 『**바알리**』(Baali, בַּעְלִי)는 남편에 대해 격식을 갖춘 표현으로 "나의 주인"(My Master 또는 My Lord)이라는 뜻이다. 특히 "바알리"는 혼인 관계에서 남편의 권위를 강조하는 용어이다. 여하튼 두 단어 모두 이스라엘과 하나님과의 관계를 나타내는 은유적인 표현으로 사용되고 있다.

그런데 이스라엘이 회복될 그날이 이르면, 그들은 자기들의 하나님을 『**이쉬**』라 부르고, 더 이상 『**바알리**』라 부르지 않을 것이라 말씀한다. 이것은 ❶ 하나님께서 그날에는 그들에게 단순한 "주인" 이상이 되실 것이라는 의미이다. 『**너를 지으신 분이 네 남편이니 만군의 주가 그의 이름이며, 너의 구속주, 이스라**

엘의 거룩한 분이라. 그가 '온 땅의 하나님이라.' 칭함을 받으리라』(사 54:5). 또한 ❷ 그날에는 바알에게 분향하던 "바알의 날들"은 사라지고(13절), 하나님을 더 이상 "바알"(baal)이라는 마귀의 이름으로 부르지 않게 된다는 뜻이기도 하다(17절). 그날에는 과거 이스라엘의 왕들이 섬겼듯이(대하 33:3, 렘 2:8; 11:17; 19:5; 23:13; 23:27; 32:35, 겔 8:16, 호 11:2) 여로보암의 길을 가지 않고, 다윗의 길을 따랐던 유다의 왕들처럼 바알의 잔재들을 제거할 것이다.

3. 이스라엘을 위한 하나님의 언약과 자비

『그 날에는 내가 그들을 위하여 들의 짐승들과 하늘의 새들과 땅에 기는 것들과 언약을 세우며, 또 활과 칼을 꺾어 땅에서 전쟁을 없게 하고 그들로 평안하게 눕게 하리라. 또 내가 너를 내게 영원히 정혼시키리니, 정녕, 내가 너를 의와 공의와 자애와 자비들로 내게 정혼시키리라... 내가 땅에서 나를 위하여 그녀를 심고, 내가 자비를 얻지 못하였던 그녀를 위하여 자비를 베풀리라. 또 내가 내 백성이 아닌 자들에게 말하기를 "너는 내 백성이라." 하리니, 그들이 말하기를 "**주**는 나의 하나님이시니이다." 하리라』(18,19,23절).

이스라엘이 민족적으로 그들의 하나님께로 회복되는 상황을 두고서 성경은 남편과 정혼하는 것으로 말씀하신다. 무엇보다 그녀를 "의와 공의와 자애와 자비들과 신실함"으로 영원히 하나님과 정혼시킬 것을 약속하신다(19,20절). 그때에는 이스라엘의 영적 · 물리적인 회복뿐 아니라, 자연계의 회복과 이 땅에서의 평화도 함께 이루어진다(18,21,22절).

지금은 아담의 불순종으로 인해 땅이 저주받았고(창 3:17), 흙으로 만들어진 사람 또한 죄의 결과로 죽게 되었다(롬 5:12). 그러나 마지막 아담으로 오신 예수 그리스도의 보혈을 통해 『**중생의 씻음과 성령의 새롭게 하심으로**』(딛 3:5) 죄인들을 구원하셨고, 또한 재림하시는 그날 곧, 『**인자가 자기 영광의 보좌에 앉을 새 세대**』((마 19:28)에는 "땅과 자연"이 모두 "중생"(regeneration)하게 될 것이다(cf. 롬 8:21).

이렇듯 하나님께서는 이스라엘을 온전한 상태로 회복시키시기에 앞서, 타락한 그들을 민족적으로 정결케 하셔야만 한다. 즉 그들에게서 "바알들의 이름들"이 제거되어야만 한다. 그렇기에 ❶ 이스라엘은 대환란의 고난 가운데서 광야에 있을 것이고, 온전히 회개하게 된다(슥 12:11-13:2). 그런 이후에 ❷ 그들은 더 이상 팔레스타인 땅에서 옮겨지지 않을 것이며(23절, cf. 겔 36;24, 슥 8:6, 사 54:60, 암 9:14-15), ❸ 주변 민족들도 더 이상 전쟁을 연습하지 않는 영광스러운 왕국의 평화를 맞게 된다(사 2:4). 결국 이스라엘은 대환란 때 민족적인 심판을 통해 정화의 과정을 거치지만, 오직 하나님께로 돌아온 『**남은 자들**』(사 10:21-23)만이 예수 그리스도께서 통치하시는 왕국의 백성으로 자리매김하게 될 것이다.

"유대인의 회복"과 관련된 예언은 구약 전체를 관통하고 있지만, 이것은 예수 그리스도로부터 계시받은 사도 바울에 의해서도 재차 확증된 불변하는 진리이다. 『**형제들아, 너희가 스스로 지혜 있는 체하지 않게 하기 위하여 이 신비를 너희가 모르기를 내가 원치 아니하노니 이는 이방인들의 충만함이 차기까지는 이스라엘의 일부가 완고하게 된 것이라. 그리하여 온 이스라엘이 구원을 받으리라. 기록된 바 "구원자가 시온에서 와서 야곱에게서 경건치 아니한 것을 제거하리라. 이는 내가 그들의 죄들을 없앨 때 그들에 대한 나의 언약이 이것임이니라." 함과 같으니라.**』(롬 11:25-27)

NOTES

제4과

교회 시대의 이스라엘(3장)

『이는 이스라엘 자손들이 많은 날들 동안 왕도 없고 통치자도 없고 희생제도 없고 형상도 없고 에봇도 없고 트라빔도 없이 거하다가』(호 3:4).

간음하는 여인 이스라엘

『그때 **주**께서 내게 말씀하시기를 "너는 가서 다른 신들을 찾고 여러 병의 포도주를 즐기는 이스라엘 자손을 향한 **주**의 사랑에 따라, 자기 친구에게 사랑받는 간음하는 여인인 한 여인을 사랑하라." 하시기에, 내가 나를 위하여 그녀를 은 열다섯 개와 보리 한 호멜과 보리 반 호멜로 사서 그녀에게 말하기를 "너는 많은 날들 동안 나를 위하여 거하고 창녀짓을 하지 말며 다른 남자와 함께하지 말지니라. 나도 너를 위하여 그리하리라." 하였으니』(1-3절).

위 본문에서 『**간음하는 여인**』(1절)은 음란한 아내인 "고멜"(1:2,3)과 다른 여인이다. 만일 두 여인이 동일인이라면, 그 여인을 『**은 열다섯 개와 보리 한 호멜과 보리 반 호멜**』(2절)로 또다시 살 필요가 없을 것이다. 물론 이 『**간음하는 여인**』(1절)은 "고멜"처럼 "<u>**음행한 이스라엘**</u>"을 상징한다. "간음하는 이스라엘"은 하나님(남편)이 아닌 "다른 신들"을 찾아다녔으니, 곧 우상을 숭배했고 여러 병의 "포도주"를 즐긴 것이다. 한편 "우상 숭배"는 "음행"과 밀접한 관련이 있는데(계 2:20), 이것이 바로 "<u>**발라암의 교리**</u>"(계 2:14)였다. 또한 "음행"은 "술"과 연관이 있는데, 간음, 음행, 강간 등은 주로 술로 인해 발생하는 범죄들이다.

우상 숭배와 술에 찌든 "음란한 이스라엘"을 향한 『**주의 사랑에 따라**』(1절), 선지자 "호세아"는 이번에도 간음하는 여인을 사랑하라는 주님의 명령에 순종해야 했다. 이에 "호세아"는 값을 치르고 그녀를 샀으며(2절), 『**많은 날들 동안 나를 위하여... 창녀짓을 하지 말며 다른 남자와 함께하지**』(3절) 말라고 경고했다. 그러나 이스라엘은 또다시 "가증스러운 창녀 짓"을 저질렀고, 그 결과 심판을 받지만(4절), 궁극적으로는 완전히 회복된다(5절).

교회 시대에 내려진 하나님의 심판

『이는 이스라엘 자손들이 많은 날들 동안 왕도 없고 통치자도 없고 희생제도 없고 형상도 없고 에봇도 없고 트라빔도 없이 거하다가』(4절).

"**고멜**"(1:2,3)로 대표되는 이스라엘은 "**구약 시대의 이스라엘**"을 의미하는 반면, "**간음하는 여인**"(3:1)으로 상징되는 이스라엘은 "**교회 시대의 이스라엘**"을 나타낸다. 왜냐하면 이 시대의 이스라엘은 『**많은 날들 동안 왕도 없고 통치자도 없고 희생제도 없고 형상도 없고 에봇도 없고 트라빔도 없이**』(4절) 거해야 하기 때문이다.

❶ 이스라엘은 교회 시대에 "왕" 없이 거해야 한다. 초림 당시 예수 그리스도께서 "왕"으로 오셨지만, 백성들의 거부로 그들의 왕이 되시지 못했기 때문이다. 그러나 재림 때 천년왕국에서 다윗의 언약에 따라 다윗의 보좌에 왕으로 앉으시어 이스라엘은 물론 온 세상을 통치하실 것이다.

❷ 이스라엘은 교회 시대에 "통치자" 없이 거해야 한다. 하지만 장차 이 땅에 세워질 천년왕국에서는 부활한 "다윗"이 그들의 "우두머리"(1:11)이자, "왕"(겔 37:22)과 "목자"(겔 37:24)가 되어 이스라엘을 다스릴 것인데, 만왕의 왕이신 예수 그리스도 아래에서 "이스라엘의 통치자"(겔 37:25)가 될 것이다.

❸ 이스라엘은 교회 시대에 "희생제" 없이 거해야 한다. 현재는 "성전"이 파괴되고 없기에 희생제를 드릴 수 없는데, 이것은 그들의 메시아를 거부하고 죽인 죄에 대한 대가요 엄중한 심판이다(눅 21:24; 23:28-31). 하지만 천년왕국 성전에서 모든 희생제가 다시 회복될 것이다.

❹ 이스라엘은 교회 시대에 "형상" 없이 거해야 한다. 이스라엘이 그토록 섬기

기 원했던 "가증한 우상 숭배의 도구들," 곧 "형상들"을 하나님께서 치워 버리셨기 때문이다. 한편 초림 당시 하나님의 『**인격의 정확한 형상**』(히 1:3)이신 예수 그리스도를 거부했기 때문이기도 한데, 그 결과 그들은 재림 때까지 "참된 형상"이신 메시아 없이 거해야 한다.

❺ 이스라엘은 교회 시대에 "에봇" 없이 거해야 한다. 본래 "에봇"은 대제사장이 겉옷 위에 입는 조끼 같은 옷(출 28:6,7,25)으로, 여기에는 "우림"과 "툼밈"이 있는 흉배가 포함되어 있는데, 다윗은 하나님께 묻기 위해 "에봇"을 사용했다(삼상 30:7). 말하자면 교회 시대에 이스라엘은 하나님의 인도하심을 전혀 받지 못한 채 거해야 하는 것이다. 한편 "에봇"이 우상 숭배의 도구가 되기도 했는데(판 8:27; 17:5; 18:14,17), 그런 면에서 보면 그 "우상 숭배의 도구"를 하나님께서 치워 버리신 것이다.

❻ 이스라엘은 교회 시대에 "트라빔" 없이 거해야 한다. "트라빔"은 일종의 "가족 수호신 같은 우상들"이다. 따라서 앞선 "형상"이나 "에봇"처럼 가증한 우상 숭배의 도구인 "트라빔"을 하나님께서 치워 버리신 것이다.

회복되는 이스라엘

『그후에 이스라엘 자손들이 돌아와서, **주** 그들의 하나님과 그들의 왕 다윗을 찾아서, 훗날들에 **주**와 그의 선하심을 두려워할 것임이라』(5절).

하나님으로부터 버림받은 "간음한 여인," 곧 "이스라엘"의 운명은 "영원한 심판과 저주"로 끝나지 않는다. 왜냐하면 그들은 분명 반드시 "회복"될 것이기 때문이다. **『훗날들』**(5절)은 대환란과 재림을 가리키는데, 환란 시대 끝에 믿음을 인내로 지켜 낸 유대인 남은 자들이 돌아와서 "하나님"(예수 그리스도)과 그들의 왕 "다윗"을 찾을 것이고, 주 하나님과 그분의 선하심을 두려워함으로써 완전히 회복될 것이다.

인류 역사의 마지막에 이스라엘 민족이 영원히 회복될 것이고, 하나님께서 약속하신 이스라엘 땅으로 다시 돌아와 그 땅에 영원히 정착할 것이라는 이 성경의 예언은 확고 불변한 예언이다. 이 예언을 이루시기 위해 하나님께서는 매 시대마다 "이스라엘의 남은 자들"을 남겨 두심으로써 유대인들의 역사를 이끌어 오셨다. 그렇게 하시지 않았다면 이스라엘은 지구상에서 진작 사라져 버렸을 것이다(롬 9:27-29). **『만일 만군의 주께서 우리에게 한 씨를 남겨 두시지 아니하셨다면 우리가 소돔과 같이 되고 또 고모라와 같이 되었으리라』**(롬 9:29).

장차 재림 때 메시아 왕이신 예수 그리스도께서는 대환란 기간에 믿음과 인내의 행위로 구원받은 "유대인 남은 자들"을 데리고 천년왕국으로 들어가실 것이고, 그들은 이 왕국에서 "하늘의 별들"처럼, "바다의 모래"처럼, "땅의 티끌"처럼 번성할 것이다. 그날에 이스라엘은 하나님의 이름을 거룩하게 여기면서 오직 주님만을 두려워할 것이고, 영적으로 참된 지식을 얻으며, 영적으로나 물리적으로나 완전히 회복될 것이다. 이스라엘이 영광스럽게 회복되는 것이다. **『오 하나님의 도성아, 너에 관하여 영광스러운 것들이 이야기되는도다. 셀라』**(시 87:3). **『주의 능하신 행적들과 주의 왕국의 영광스러운 위엄을 사람들의 아들들에게 알게 하리이다』**(시 145:12). **『아멘. 그러하옵니다. 주 예수여, 오시옵소서』**(계 22:20). 성경의 예언을 온전히 믿고 소망하는 성도가 되어야 하는 것이다.

NOTES

제5과

네가 나에게 제사장이 되지 못하리라(4장)

『내 백성이 지식의 부족으로 멸망하는도다. 네가 지식을 거부하였으므로 나도 또한 너를 거부하리니, 네가 나에게 제사장이 되지 못하리라. 네가 네 하나님의 율법을 잊었으니 나도 또한 네 자녀를 잊어버리리라』(호 4:6).

왜 "소선지서"인가?

"소선지서"를 "소선지서"(小先知書, Minor Prophets)라고 부르는 이유는, 소선지서를 기록한 선지자들이 "대선지서"(大先知書, Major Prophets)를 기록한 선지자들보다 사역이나 능력에 있어서 더 열등한 사람들이었기 때문이 아니다. 임무의 중요성이 덜했기 때문도 아니다. **대선지서와 소선지서를 구분하는 기준은 매우 단순한데, 곧 "분량의 차이"인 것이다.** 대선지서는 상대적으로 분량이 많은 반면, 소선지서는 분량이 상대적으로 적다. 물론 "예레미야 애가"는 분량이 얼마 안 되는 책이지만, 대선지서 예레미야를 기록한 선지자가 기록한 책이기 때문에 대선지서로 분류된다. 또한 소선지서인 호세아나 스가랴는 14개의 장으로서, 12개의 장으로 구성된 대선지서 다니엘보다 "장" 수가 더 많다. 하지만 다니엘은 "절" 수가 호세아보다 160구절이 더 많고 스가랴보다는 146구절이 더 많다. 단어의 개수도 현격한 차이를 보이는데, <킹제임스성경>을 기준으로 다니엘은 호세아보다 6,428단어가 더 많고 스가랴보다 5,159단어가 더 많다.

■ 새롭게 깨달았거나 적용할 내용이 있다면 적어 보세요. ■

북왕국 이스라엘의 영적 상태(1-6절)

"호세아"의 주제는 "**재림 때 있을 이스라엘의 회개와 회복**"이다. "회개와 회복"은 "이스라엘의 멸망"을 전제로 한 단어들인데, 선지자 호세아는 주로 "북왕국 이스라엘"을 책망하면서 그들의 "궁극적인 멸망"을 예언했다. 그는 일종의 "영적인 특수 부대원답게" 아무런 거침없이 죄에 대해 강력히 책망했다. 설교할 때 죄를 책망하는 것은 매우 중요한 일이다. **특히 그는 "북왕국 이스라엘의 영적인 상태"를 보여 주면서 책망했다.** 『**너희 이스라엘 자손들아, 주의 말씀을 들으라. 주께서 그 땅의 거민들과 쟁론하시나니 그 땅에는 진리도 자비도 없고 하나님에 대한 지식도 없음이라**』(1절). 주의 말씀을 듣는 것이야말로 이스라엘이 안고 있는 모든 문제의 해결점이지만, 그들은 주의 말씀을 들으려 하지 않았다. 그러다 보니 그 땅에는 "진리"도, "자비"도, "하나님에 대한 지식"도 찾아볼 수 없는 것이다. **이렇게 "하나님의 지식"이 부재하고 존중받지 못한 사회나 국가는 도덕적인 범죄와 타락이 극심하게 된다(2절)**. 그 결과 땅이 애곡하고, 짐승들은 쇠잔해지며, 고기들이 사라진다(3절). 곧 땅이 황폐해지는 가운데 모든 창조물이 신음하며 고통받는다(롬 8:22). **가장 큰 이유는 "죄" 때문이다**. 첫 사람 아담을 통해 죄가 들어온 이래로 이 땅은 저주를 받은 것이다(창 3:17).

"더 심각한 것은 도덕적인 오염이다. 이것은 개인, 도시, 국가를 오염시킨다. 각종 환락과 유희를 전하는 TV 전파를 막지 못한다면, 쓰레기 버리는 사람이나 집 밖에서 쓰레기 태우는 사람을 나무라는 데 시간을 낭비하지 말라. 저녁 8시에서 11시까지 TV에서 나오는 쓰레기양은 지난 5년간 태운 쓰레기양보다 더 많다는 것을 알아야 한다" (피터 럭크만).

『**그러나 아무와도 다투지 말고 다른 사람을 책망하지도 말라. 이는 네 백성이 제사장과 다투는 자들과 같기 때문이라**』(4절). 백성들이 다투고 있는 "제사장"은 배교한 제사장이 아니라, 올바르게 하나님을 섬기는 제사장인데, 말하자면 그러한 제사장과 다툴 정도로 현재 이스라엘의 영적 상태가 맛이 갈 때까지 간 심각한 상태라는 것이다. 이것은 그들이 책망을 해도 소용없는 영적 상태, 즉 그들에게 죄를 책망하는 설교를 해도 소용이 없을 만큼 극심하게 타락했음을 보여 준다. 그래서 아무와도 다투지 말고 책망하지도 말라고 경고하는 것이다. 그런 자들에게는 책망과 조언이 더 이상 필요 없으며, 오직 진노의 심판과 징계만 남아 있을 뿐이다. 『**그러므로 네가 낮에 쓰러지겠고 선지자도 너와 더불어 밤에 쓰러지리니, 내가 네 어미를 멸하리라**』(5절). "너"와 "네 어미"는 『**그 땅의 거민들**』(1절), 곧 "이스라엘 민족"을 가리키고, "선지자"는 하나님의 조명을 받지 못하는 "거짓 선지자"를 의미한다. 소경이 소경을 인도하다가 둘 다 구덩이에 빠지듯이, 백성들이나 그들을 인도하는 선지자들이나 둘 다 심판받고 쓰러지는 것이다(cf. 마 25:30).

<u>이렇게 이스라엘이 심판을 받고 멸망할 수밖에 없는 근본적인 원인은 "지식의 부족" 때문이다</u>. 『**내 백성이 지식의 부족으로 멸망하는도다. 네가 지식을 거부하였으므로 나도 또한 너를 거부하리니, 네가 나에게 제사장이 되지 못하리라. 네가 네 하나님의 율법을 잊었으니 나도 또한 네 자녀를 잊어버리리라**』(6절). 왜 지식이 부족한 것인가? 그들 스스로 지식을 거부했기 때문이다. 하나님의 율법을 의도적으로 거부하고 잊어버린 것이다. 이스라엘은 "제사장들의 왕국"(출 19:6)으로 불린다. 단, 하나님의 음성에 복종하고 그분의 언약을 지킬 때만 그 지위를 유지할 수 있다. 제사장의 기본 임무는 하나님과 지식과 하나님의 율법을 지키는 것이다(말 2:7). 그 임무를 저버릴 때 하나님 역시 그들과 그들의 자녀들을 거부하신다. <u>그래서 율법을 버린 백성은 반드시 망하게 되어 있다</u>. 오늘날에도 성경과 진리의 지식을 버리면, 그것이 개인이든 국가이든, 타락과 멸망의

길로 나아가는 것은 시간문제이다.

하나님의 율법을 잊어버린 이스라엘 백성은 그 말씀이 "이상한 것"으로까지 여겨질 정도가 되었다. 『**내가 그를 위하여 내 율법의 많은 것들을 기록하였으나 그것들이 이상한 것**[a strange thing]**으로 여겨졌도다**』(호 8:12). 즉 성경이 너무 이상하고 낯설고 어색하며 아주 꺼려지고 불편해진 것이다. 하나님의 말씀이 "이상한 것"으로 여겨지는 국가의 백성들은 "제멋대로" 행하게 되고, 결국 보호받을 가치가 없는 나라로 전락하여 주님의 진노의 심판을 받게 된다. 이것이 선지자 호세아 당시 이스라엘의 영적 현실이었고, 이에 대해 선지자 아모스는 『**주의 말씀들을 듣지 못하는 기근**』(암 8:11)이라고 말했다.

이스라엘의 죄에 대한 책망과 심판(7-19절)

"지식의 부족"으로 인한 "영적 황폐함"은 이스라엘 백성을 멸망으로 이끌었다. 『**그들은 번성할수록 나를 거역하여 범죄하였으니 내가 그들의 영광을 수치로 바꾸리라**』(7절). 하나님께서 이스라엘을 번성하게 해 주셨을 때, 그들은 더욱 겸손한 자세로 감사하면서 주님을 섬긴 것이 아니라, 오히려 하나님을 거역하고 우상을 숭배함으로써 죄를 지었다(신 32:15,16). 결국 하나님께서는 이스라엘의 영광을 수치로 바꿔 버리시는데, "제사장들의 왕국"에 걸맞은 영광을 수치스럽게 만드실 것이다. <u>즉 하나님의 영광이 그들을 떠나 버리시는 것이다</u>. 하나님의 영광이 떠난 자리에는 "불명예"와 "수치"만이 남는다.

『**그들이 내 백성의 죄를 먹고 그들의 마음을 그들의 죄악에 두는도다**』(8절). 여기서 "그들"은 "제사장들"을 가리킨다. 당시 제사장들은 백성들의 죄를 먹고 그들의 죄악에 마음을 두고 있었는데, 말하자면 제사장들은 죄인들이 그들의 죄를 용서받기 위해 가져오는 제물들의 음식을 좋아했고, 또 그로 인해 백성들이 죄를 더 많이 짓기를 바랐다. 그래야 그들이 더 많은 제물들을 가져올 것이기 때문이다. **다시 말해 제사장들은 백성들의 죄악에 마음을 두고 그들의 죄를 먹고 있는 것이다**. 끝내는 그들이 "백성같이, 제사장같이" 될 것인데(9절), 이것은 하나님께서 "레위 지파의 제사장들"에게만 주어졌던바, 일반 백성들과 확연하게 구분되는 특권을 모두 없애 버리실 것이라는 의미이다.

『**그들이 먹겠으나 배부르지 아니하겠고 그들이 행음하여도 증가하지 못하리니, 이는 그들이 주께 주의를 기울이는 데서 떠났기 때문이라**』(10절). 호세아 당시의 제사장들은 탐욕스런 마음으로 죄인들이 가져오는 음식에 탐닉한 나머지 계속 음식을 먹지만 결코 배부를 수 없고, 간음과 음행으로 행음을 일삼지만 증가하지도 못한다. 이 모든 것들이 주님께 주의를 기울이지 않은 결과였다. 실제로 그들은 그들의 마음을 주님께 기울이는 대신 "음란"과 "포도주"(발효된 술)와 "새 포도주"(발효되지 않은 포도즙, 물질적인 부 - 느 13:15, 민 18:27, 마 21:33)에 빼앗기고 말았다.

그뿐만 아니라 우상 숭배에도 그 마음을 빼앗겼다. 『**내 백성이 그들의 나무 조각에 자문을 구하고 그들의 막대기가 그들에게 선포하나니, 이는 음행의 영이 그들로 잘못 행하게 하였으며 그들은 그들의 하나님의 보호를 떠나 행음하러 갔음이라**』(12절). 나뭇조각에 자문을 구한다고 했는데, "이교도들"이 나뭇가지나 막대기를 이용해서 점을 치는 것은 그 기원이 상당히 오래되었다. 이스라엘 백성들은 그런 이교도들을 따라 나뭇조각과 막대기 앞에 엎드려 숭배했으며, 또 자문도 구했다. 한편 산들의 정상에서 나무들 아래에서 희생제도 드리고 분향까지 했는데(13절), 이것은 당시 산당들을 중심으로 행해진 우상 숭배를 보여 준다. 특히 상수리나무, 버드나무, 느릅나무가 언급되고 있는데, 실제로 고대 이교도들은 나무를 신성시하여 섬겼다. 성경에서 "상수리나무"는 "적그리스도"(삼하 18:9) 및 "마귀 숭배"(사 1:29)와 연관되어 있다. 말하자면 이스라엘은 상수리나무 아래에서 분향을 하며 마귀를 숭배했던 것이다.

한편 "우상 숭배," 곧 "영적인 음행"은 "실제적인 음행"과 연결되는데, 우상을 숭배하면서 동시에 실제적인 간음과 음행이 공공연하게 행해진 것이다. 『**그들이 산들의 정상에서 희생제를 드리며, 작은 산들 위에서와 상수리나무, 버드나무, 느릅나무 아래서 분향하니**[영적 음행인 우상 숭배], **이는 그 그늘이 아름답기 때문이라. 그러므로 너희 딸들은 행음할 것이며**[실제적인 음행], **너희 아내들은 간음하리로다**[실제적인 간음]. **너희 딸들이 행음하거나**[실제적인 음행] **너희 아내들이 간음해도**[실제적인 간음] **내가 그들을 벌하지 아니하리니, 이는 그들 자신이 음녀들과 함께 분류되며 창녀들과 함께 희생제를 드림이라. 그러므로 깨닫지 못하는 백성은 패망하리라.**』(13,14절). 사실 "영적인 음행"이든, "실제적인 음행"이든, 모두 동일한 『**음행의 영**』(12절)의 인도를 받게 된다.

그런데 하나님께서는 이들이 행음을 해도 그 딸들과 아내들을 "벌하시지" 않겠다고 말씀하시는데(14절), 이는 그렇게 "내버려 두시는 것"이 어떤 개인이나 민족을 벌하시는 "가장 무서운 방법"이기 때문이다. 그들로 하여금 그들의 무거운 죄를 짊어지고 계속 그렇게 살도록 내버려 두시는 것이다. 물론 양심이 살아 있는 사람이라면, 죄를 짓는데도 벌이 내려지지 않는 상황이 더 이상하게 느껴져 불안하고 두려운 나머지 양심에 가책을 느끼고 당장 죄를 짓는 일을 멈춘다든지, 즉시 하나님께 나아와 용서를 구한다든지 하게 된다. 하지만 양심이 화인 맞은 자들은 오히려 『**악한 일에 대한 징벌이 속히 집행되지 않으므로**』(전 8:11) 그 마음에 악을 행하기로 완전히 정해 놓고 살아간다. 다른 한편으로는 당장 벌하시지 않는 것이 지금이라도 깨닫고 회개하여 돌이키기를 원하시는 하나님의 뜻일 수 있다. 하나님의 "오래 참으심"의 표현일 수 있다. 『**아니면 네가 그분의 선하심이 너를 회개하도록 인도하심을 알지 못하고 하나님의 선하심과 관용과 오래 참으심의 풍성함을 무시하는 것이냐?**』(롬 2:4) 이처럼 깨닫지 못하는 사람은 결국 어떻게 되는가? 그렇게 벌도 받지 않은 채 내버려진 삶을 살다가, 결국 완전한 패망의 길을 걷게 된다(14절).

『이스라엘아, 너는 비록 창녀짓을 하여도 유다를 범죄하게 해서는 안 되나니, 너희는 길갈로도 가지 말며 벧아웬으로도 올라가지 말며 주의 살아 계심으로 맹세하지도 말라』(15절). 남왕국 유다를 범죄하게 해서는 안 된다고 북왕국 이스라엘에게 경고하고 있는데, 결국 나중에는 유다가 이스라엘보다 더 심하게 "창녀짓"을 하게 된다(겔 23장). 특히 여기 나오는 "장소들"에 유념할 필요가 있는데, "길갈"은 사울이 왕이 된 장소로서 "이스라엘이 하나님을 거절하고 인간 왕을 요구했던 장소"이고, "벧아웬"은 북왕국 이스라엘의 첫 번째 왕 "여로보암"이 금송아지를 만들어 놓아 둔(왕상 12:28-30) "벧엘" 근교에 있는 성읍으로서 "우상 숭배를 위한 핵심 장소"였다(cf. 호 10:5, 암 5:5). 이런 "우상 숭배를 위한 장소"에서는 결코 하나님을 올바르게 섬길 수 없다. 아무리 온전한 예배를 드려도 참된 예배가 될 수 없는 것이다. 그래서 그런 우상 숭배의 장소에서는 **『주의 살아 계심으로 맹세하지도 말라.』**(15절)라고 하나님께서 경고하시는 것이다.

한편 이스라엘 백성은 **『뒷걸음질하는 암송아지처럼 타락』**(16절)한 자들이다. 예레미야 8:5에서는 "예루살렘 백성"이 계속되는 타락으로 뒤로 미끄러진다고 경고하면서, 속임수를 굳게 잡고 있는 그들이 하나님께로 돌아오기를 거절한다고 말씀한다. 왜냐하면 그들은 우상들과 연합한 자들이기 때문이다(17절). 하나님께서는 그런 타락한 우상 숭배자들을 **『내버려 두라.』**(17절)라고 다시 한 번 경고하신다. **『그들의 술은 시고 그들은 끊임없이 행음하였으니, 그녀의 치리자들은 수치와 더불어 사랑하기를 "너희는 줄지니라." 하는도다』**(18절). "술이 시다는 것"은 "술이 상했다"는 의미로서 하나님께 합당하지 않은 "술제물"과 관련 있다. 또한 "치리자들"은 수치와 더불어 사랑했는데, 이것은 "배교한 치리자들의 실상"을 잘 보여 준다(호 5:1,10; 7:3,7; 8:4, 9:15). 그런 가운데 치리자들은 계속해서 **『너희는 줄지니라.』**(18절)라고 말한다.

「오늘날 "너희는 줄지니라."라는 표현은 국가 지도자들이 즐겨 쓰는 상투적인 표현이 되었다. 대통령이 인플레를 막고자 할 때 "기름 값(세금)을 올리라."(너희는 줄지니라.)라고 말한다. 또 다른 대통령은 전쟁에 사람들을 내보내서 싸우게 하고자 할 때, "'내 조국이 나를 위해 무엇을 해 줄 것인가'라고 말하지 말고, '내가 내 조국을 위해 무엇을 할 것인가'라고 말하라."(너희는 줄지니라)라고 연설한다. 예배를 드리러 교회에 갔을 때 "십일조는 주님의 것"이라는 안내문이 붙어 있는 것을 본다면 그날 설교는 모두 "돈을 내라."라는 식으로 끝이 난다」(피터 럭크만).

『바람이 그 날개들로 그녀를 감쌌나니 그들은 그들의 희생제들로 인하여 수치를 당하리라』(19절). 성경에서 "바람"은 "성령"을 의미할 뿐 아니라 "헛된 것들"을 의미하기도 하는데, 이로 인해 바람은 어떤 헛된 것들을 날려 버리는 "심판"을 의미할 수 있다. 따라서 바람이 그 날개들로 "그녀," 곧 "이스라엘"을 감쌌다는 것은, 그 "쭉정이들"을 타작마당에서 바람으로 날려 버리는 것을 의미한다. 특히 이스라엘 백성은 그들의 희생제들로 인해 수치를 당할 것인데, 이는 그들이 바치는 희생제들은 온전치 못한 희생제들이었기 때문이다. 하나님께 바친다고 하는 것도 온전하지 못한 제물이었고, 또 그들은 하나님께 마땅히 바쳐야 할 희생제들을 우상에게 바친 것이다. 결국 그런 자들에게는 심판만 남아 있는 것이다.

『그러므로 불이 그루터기를 삼킴같이, 불꽃이 쭉정이를 태움같이, 그들의 뿌리가 썩은 것같이 될 것이며, 그들의 꽃핌은 티끌같이 날아가리니 이는 그들이 만군의 **주**의 율법을 던져 버리고 이스라엘의 거룩한 분의 말씀을 멸시하였기 때문이라』(사 5:24).

NOTES

제6과

나의 진노를 물같이 부으리라

『내가 가서 내 자리로 돌아가, 그들이 그들의 범죄를 인정하고 나의 얼굴을 구할 때까지 있으리니, 그들이 고난 중에 있을 때 나를 먼저 찾으리라』(호 5:15).

도살하는 데 깊이 빠진 반역자들

『오 제사장들아, 너희는 이것을 들으라. 너희 이스라엘 집아, 경청하라. 오 왕의 집아, 너희는 귀를 기울이라. 심판이 너희를 향해 있나니, 이는 너희가 미스파에 올무가 되었으며 타볼 위에 친 그물이 되었음이라. 내가 그들 모두를 책망하는 자가 되었음에도 불구하고 반역자들이 도살하는 데 깊이 빠졌도다』(1,2절).

호세아 5장은 제사장들과 이스라엘의 집과 왕의 집에 관한 심판을 경고하면서 시작된다(1절). 그 이유는 그들이 미스파에 올무가 되고 타볼 위에 친 그물이 되었다는 데 있었다(2절). 그 일에는 특히 국가의 권력자 노릇을 한 제사장들과 왕의 책임이 컸다. 『**내 백성 가운데 악인들이 발견되었으니 그들은 마치 올무를 놓는 사람들처럼 숨어 기다리며 그들은 덫을 놓아 사람들을 잡는도다. 새장에 새들이 가득함같이 그들의 집은 속임수로 가득 찼도다. 그러므로 그들은 커지고 부가 늘어나는도다. 그들은 살찌고 윤택하도다. 정녕, 그들은 악인의 행실들을 눈감아주며 그들은 송사, 곧 아비 없는 자들의 송사를 판단하지 아니하는데도 그들은 번영을 누리며 또 그들은 궁핍한 사람들의 권익을 판단하지 아니하는도다. 주가 말하노라. 내가 이 일들을 감찰하지 아니하겠느냐? 내 혼이 이 같은 민족에 복수하지 아니하겠느냐? 경이롭고 무서운 일이 그 땅에서 행해지는도다. 선지자들은 거짓되이 예언하고 제사장들은 그들의 권력으로 다스리며 내 백성은 그렇게 하는 것을 사랑하니 그 마지막에는 너희가 어찌하려느냐?**』(렘 5:26-31)

본문 2절은 『**내가 그들 모두를 책망하는 자가 되었음에도 불구하고 반역자들이 도살하는 데 깊이 빠졌도다.**』라고 말씀한다. 반역자들은 하나님의 책망에도 불구하고 여전히 그들의 죄에 빠져 있다. 귀가 막히고 눈이 멀고 마음이 완악한 것이 반역자들의 특징이다. 반역자들은 책망에 귀를 닫고 반역에 몰입한다. 오직 반역만을 추구한다. 『**너희가 어찌하여 매를 더 맞으려느냐? 너희가 더욱더 반역하리니 온 머리는 병들었고 온 마음은 기진하였도다**』(사 1:5).

반역은 그 당사자가 돌이키려 하지 않기 때문에 "돌이킬 수 없는 죄"가 된다. 루시퍼(사 14장)와 그를 따르는 천사들(계 12:4)이 그러한데, 영적 존재들은 죄에서 돌이키는 일이 없기 때문에 그들의 한 번 반역은 영원한 멸망으로 귀결된다. 그 보이지 않는 세력들에게 미혹되어 복종하는 자칭 사역자들(고후 11:13-15), 특히 성경대로 믿는 지역 교회에서 떨어져 나간 자들(요일 2:19) 역시 돌이키지 않는다(유 1:11-13). 하나님께서 부여하신 영적 권위에 대한 반역은 성경대로 믿는 지역 교회를 파괴시키려는 것이기 때문에 가장 강력한 마귀 들림의 증세로 분류된다. 호세아 9:15(『**그들의 모든 고관들은 반역자들이니라.**』)에 보면 본문의 "반역자들"은 "왕의 집"(1절)에 있는 고관들이다. 사람들 앞에서 무언가 되는 것처럼 보이는 자들(민 16:1,2)이 곧잘 저지르는 죄가 바로 반역이다.

> 『나는 에프라임을 알며 이스라엘은 내게서 숨겨지지 못하나니, 오 에프라임아, 이제 너는 행음하고 이스라엘은 더럽혀졌도다. 그들은 그들의 행실이 그들의 하나님께 돌아가도록 계획하지 아니하리니, 이는 음행의 영이 그들 가운데 있고 그들이 **주**를 알지 못하였기 때문이라』(3,4절).

하나님께서는 이스라엘의 죄를 알고 계셨다. 하나님께 숨길 수 있는 죄는 없다. 죄는 언젠가 드러나게 되어 있다. 『**그러나 만일 너희가 그렇게 하지 아니하면, 보라, 너희는 주를 거역하여 죄를 지은 것이니, 반드시 너희의 죄가 너희**

를 찾아낼 것임을 알라』(민 32:23). 이스라엘이라 불리는 북왕국 아홉 지파들의 대표격인 "에프라임"은 북왕국 전체의 타락에 책임이 있었다. 북이스라엘은 자신들의 잘못을 고치려고 시도하지도 않았는데(4절), 그 이유는 그들이 주를 알지도 못하면서 음행의 영에 사로잡혀 있었기 때문이다(4절). 성경에 무지한 자들이 교회를 세우고 악령이 시키는 대로 종교 행위들을 할 때 그들은 자신들의 비성경적인 잘못을 고치려고 시도하지 않는다. 배교한 교회들에 희망이 없는 것은 바로 이 때문이다. 지난 31년간 성경대로 믿는 사람들이 외쳤음에도 한국 교회는 꿈쩍도 하지 않았고, 그 안에 있던 소수가 성별되어 나오는 일만 있었을 뿐이다. 바로 이 점이 한국 교회가 성경에 무지한 상태에서 음행의 영에 사로잡혀 있다는 증거이다. 또한 하나님에 관한 지식이 없는 교회들에서는 똑같이 지식 없는 세대가 일어나는데(판 2:10), 이러한 교회들은 미래에 아무런 희망이 없다. **해 아래 새 것이 없듯이, 교회 시대는 결국 회생불가의 길을 걸으며 배교로 막을 내리게 된다**.

『이스라엘의 교만이 그의 얼굴에 증거가 되나니, 그러므로 이스라엘과 에프라임은 그들의 죄악 가운데 패망할 것이요, 유다도 또한 그들과 더불어 패망하리라. 그들이 **주**를 찾아서 그들의 양떼와 그들의 소떼와 함께 가겠으나 그들이 그를 만나지 못하리니, 주께서 그들로부터 물러나셨음이니라. 그들이 **주**를 거역하여 패역되이 행하였으니, 이는 그들이 타국 아이들을 낳았음이라. 이제 한 달이 그들의 몫과 더불어 그들을 삼키리라』(5-7절).

악한 사람은 그의 얼굴을 굳게 한다(잠 21:29). 피터 럭크만 박사는 그의 잠언 주석서에 다음과 같이 이야기한다. 「굳은 얼굴(굳은 마음처럼)은 진리를 거부하고 성경을 부인하고 지혜에 저항하는 죄인의 상징이다(잠 28:4; 29:1). 파라오의 딱딱한 마음으로 인해 그는 파멸에 이르렀는데(욥 9:4), 이것은 사람의 곧은 목(렘 7:26)이나 완고한 마음(단 5:20)이 그 사람을 멸망으로 인도하는 것과 정확히 일치한다(행 19:9, 히 3:13)... 악인은 『**그의 얼굴을 굳게**』 한다. 즉 그 사람의 용모와 행동이 인위적으로 조작되고 억지로 표출된다. 피로와 스트레스와 긴장과 투쟁과 곤란과 훈련과 옥외 생활에서 기인한 자연스럽게 굳은 얼굴이 아니다... "굳은 얼굴"은 굳은 마음처럼 대개는 내적 수양의 결과이다. 이것은 성령님께 저항하는 것과 연관되어 있으며, 타락한 본성과 자기연민, 자기애를 거리낌 없이 표현하는 것이다』(p.542,543).

<u>이스라엘의 교만은 그의 얼굴에 증거가 되었다(5절)</u>. 교만해서 얼굴이 굳은 자들은 하나님께 돌이키지도 그분을 찾지도 않는다. 『**이스라엘의 교만은 그의 얼굴에 증거가 되는도다. 그들은 이 모든 일을 당하여도 주 그들의 하나님께 돌이키지 아니하며 그를 찾지도 아니하는도다**』(7:10). 이런 영적 상태에서 희생제물을 가져와 봐야 아무런 소용이 없게 된다. 왜냐하면 주님께서 그런 자들로부터 물러나 계시기 때문이다(6절). 따라서 그들의 제물인 몸(롬 12:1)과 찬양(히 13:15)과 믿음(빌 2:17)은 예루살렘이 아닌(대하 13:8-11) 벧엘이나 단의 우상에게 가져가는 제물과 같게 된다(왕상 12:28,29).

본문 7절은 『**그들이 주를 거역하여 패역되이 행하였으니, 이는 그들이 타국 아이들을 낳았음이라. 이제 한 달이 그들의 몫과 더불어 그들을 삼키리라.**』라고 말씀한다. "타국 아이들"을 낳는 것도 주를 거역하는 패역한 행위에 속한다. 교회가 세상과 놀아날 때 "타국 아이들"이 회중 가운데 나타나기 시작한다. 이 "아이들"은 지역 교회의 성도들이 자신의 형제이고 하나님을 자신의 아버지라고 말하지만, 그들은 사실상 교회가 세상과 음행함으로써 태어난 영적 사생아들일 뿐이다. <u>교회가 "성경대로 믿는 그리스도인들"을 재생산할 수 없다면, 그래서 세상과 하나님 사이에 양다리를 걸치고 있는 쭉정이들로 채워져 간다면 그 교회는 죽은 교회가 된다</u>.

하나님께서 정하신 "경계"를 파괴한 유다

『유다의 고관들은 경계를 옮기는 자들 같았으므로 내가 나의 진노를 그들 위에 물같이 부으리라』(10절).

하나님께서는 이스라엘에게 군대를 모집하여 싸울 준비를 하라고 말씀하시며(8절) 주님께서 질책하시는 날에 에프라임이 황폐케 될 것이라고 말씀하신다(9절). 주님께서는 유다에게도 경고하시는데, 유다의 고관들이 "경계를 옮기는 자들" 같았기에 주님께서 그분의 진노를 그들 위에 물같이 부을 것이라고 말씀하신다(10절). "경계"는 사람들이 정도를 넘지 않게 하려고 정해진 것이다. **『내가 네 경계를 홍해로부터 필리스티아 바다까지와 광야에서부터 강까지 정할 것이라. 내가 그 땅의 거민들을 너희 손에 넘겨주리니 너는 그들을 네 앞에서 쫓아낼지니라』**(출 23:31). 주님께서 정하신 경계를 침범한 자들은 경계 밖으로 쫓겨나야 한다. 하나님께서 경계를 정하시고(시 104:9) 그 범위 안에 사람들을 두신 것은(행 17:26) 그들을 구원하시기 위해서이다. **『또 하나님께서는 인류의 모든 족속을 한 피로 만드시어 온 지면에 살게 하시고 미리 계획하신 시기와 그들이 거주하는 경계를 정하셨으니 이는 주를 찾게 하려 함이라. 사람들이 하나님을 감지하려 하면 만나리니 그분은 우리 각 사람에게서 멀리 떨어져 계시지 아니하도다』**(행 17:26,27).

인간은 모일 때 하나님을 대적한다(창 11:1-4). 경계는 민족들이 하나님을 찾게 하려는 그분의 방편인데, 그 경계를 허물고 "통합"을 외치는 자들은 하나님을 찾지 않고 바벨탑 사건 때처럼 주님을 대적하려는 의도를 갖고 있다. 민수기 16장의 코라와 그의 무리도 경계(영적 경계, 민 16:3)를 파괴하는 자들이었고, 그들의 결말은 지옥이었다. 반역은 영적 경계를 파괴하는 행위이며 마귀적인 지혜에서 나온 것이다. 부모와 자식의 경계(출 20:12 , 엡 6:1,2), 주인과 종의 경계(엡 6:5-7), 남자와 여자의 경계(고전 11:7-10)를 허무는 것은 마귀적인 지혜이다. 온 세상을 하나로 만들어서 하나님을 대적하게 할 자는 적그리스도이다(계 13:3-5). 루시퍼는 하나님과 자신 사이의 경계를 파괴하려 했다가 셋째 하늘에서 쫓겨났으며 그에게는 멸망이 확정되어 있다. 천사장 미카엘은 자신과 사탄 사이에 영적 권위에 입각한 경계선을 넘지 않으려 했다(유 1:9). 하지만 사탄이 육화해서 나타날 적그리스도는 하나님께서 정하신 경계를 파괴할 것이다(사 10:13). 경계를 파괴하는 것은 반역자들의 특징이다.

에프라임과 유다는 전쟁에 관하여 앗시리아인에게 도움을 청하러 갔지만 도움을 받지 못했다. 왜냐하면 주님께서 그 두 왕국을 사자처럼 대적하고 계셨기 때문이다(11-14절). 자신의 죄를 돌아보아 회개하지 않고 문제를 다른 데서 해결하려 할 때 그 사람은 자신을 대적하시는 하나님을 직면해야 한다.

하나님을 찾으라고 주어진 고난

『내가 가서 내 자리로 돌아가, 그들이 그들의 범죄를 인정하고 나의 얼굴을 구할 때까지 있으리니, 그들이 고난 중에 있을 때 나를 먼저 찾으리라』(15절).

15절은 "야곱의 고난의 때"인 대환란을 예언한다. 주님께서는 이스라엘이 주님을 찾게 하시려고 "고난"을 보내실 것이다. 이스라엘과 관련된 예언적 "고난"(렘 30:7, 단 12:1)은 특별한 의미를 지닌다. 이스라엘은 대환란이라는 전무후무한 대재앙(마 24:21)과 적그리스도의 박해(계 12:17) 속에서 예수 그리스도를 찾게 될 것이다(계 14:4, 슥 12:10).

하나님께서는 사람을 찾는 분이시다(창 3:8,9; 11:5; 18:1,2). 하나님께서는 바로 그 사람을 고난을 통해서 자신에게 이끄시는 분이다. 그 절정은 갈보리 십자가에서 보여졌는데, 그것은 예수 그리스도의 대속적 고난을 통해 이루어졌다. 『**또 내가 땅에서 들리면 모든 사람을 내게로 이끌어 오리라**』(요 12:32). 하나님께서 사람을 이끄신 일은 갈보리에서 멈추면 안 된다. 하나님의 대사인 그리스도인들이 세상에 나가 십자가의 사랑을 증거함으로써 죄인들을 하나님께로 이끌어 와야 한다. 『**모든 것이 하나님께로부터 났으며 그분께서는 예수 그리스도를 통하여 스스로 우리와 화해하셨고 화해의 직분을 우리에게 주셨으니 즉 하나님께서 그리스도 안에 계셔서 세상을 자신과 화해하게 하시며 그들의 죄과를 그들에게 돌리지 아니하시고 우리에게 화해의 말씀을 맡겨 주신 것이라**』(고후 5:18,19). 『**그러므로 너희는 가서 모든 민족들을 가르치고, 아버지와 아들과 성령의 이름으로 침례를 주며 내가 너희에게 명령한 모든 것을 가르쳐 지키게 하라. 보라, 내가 세상 끝까지 너희와 항상 함께 있으리라**』(마 28:19,20).

■ 새롭게 깨달았거나 적용할 내용이 있다면 적어 보세요. ■

NOTES

NOTES

제7과

늦은 비와 이른 비처럼 오시리라(6장)

『만일 우리가 계속 주를 알고자 하면 그때 우리가 알게 되리라. 그의 나오심은 아침처럼 마련되어 있으며 그는 우리에게 비처럼 오시리니, 땅에 내리는 늦은 비와 이른 비처럼 오시리라』(호 6:3).

"배교"로 점철된 이스라엘의 온전한 회복

성경에서 "배교"라는 말은 데살로니가후서 2:3에 한 번 등장하는데, 이 단어는 무언가로부터 "떨어져 나가는 것"(a falling away)을 의미한다. 이 구절에서 말씀하시는 배교는 마지막 날들에 있을 "미혹" 곧, 죄의 속임수로 인해 일어나는 것을 말하지만, 궁극적으로 하나님과의 밀착된 관계에서 떨어져 나가는 악한 상태를 가리킨다.

이스라엘은 하나님께서 택하신 백성이다(신 7:7). 하나님께서 그들을 택하시어 이집트에서 구해내시고, 그분께 유업의 백성이 되게 하셨다(신 4:20). 그러나 이후 그들은 자기 눈에 옳게 보이는 대로 행했을 뿐 아니라, 하나님께서 보내신 재판관들과 선지자들을 거슬러 행했으며, 결국 하나님의 아들마저 십자가에 못 박았다. 그 결과로 그들은 숱한 세월 동안 이방인들의 조롱거리가 되었으며, 디아스포라를 겪게 되었다. 그런데도 그들이 마음을 다해 하나님께로 돌이킬 때면, 언제라도 이스라엘의 하나님은 그분의 자비하심으로 그들을 용서하셨다. 이렇듯 이스라엘은 하나님에게서 등을 돌리며 떨어져 나갔다가 다시 돌이키는 반복의 역사를 이어왔다. 이스라엘의 이러한 배교의 역사는 "고난의 용광로"인 대환란을 통과하면서 결국 그 마침표를 찍게 될 것이다. 그리고 예수 그리스도께서 재림하시는 그날에 그들은 온전히 회복되어 다시는 떨어져 나가지 않을 것이다. 『**내가 그들을 그들의 땅에다 심으리니 그들이 다시는 내가 그들에게 주었던 그들의 땅에서 뽑히지 아니하리라. 주 너의 하나님이 말하노라**』(암 9:15).

예수 그리스도의 재림과 이스라엘의 회복

1. 주께로 돌이키기를 촉구하는 "선지자"

『오라, 우리가 주께로 돌아가자. 이는 그가 찢으셨으나 우리를 낫게 하실 것이요, 그가 치셨으나 우리를 싸매어 주실 것임이라』(6:1).

이스라엘은 『**음행의 영**』에 붙들려 주를 알지도 못했고, 그들의 악한 행실로 판단하건대 하나님께로 돌아갈 기미는 전혀 보이지 않았다(호 5:4). 그래서 하나님께서는 그들이 자신들의 범죄를 인정하고, 하나님의 얼굴을 구할 때까지는 주님의 자리에서 단 한 발짝도 움직일 생각이 없으시다(호 5:15). 이런 상황에 놓인 이스라엘을 향해 선지자 호세아는 본문 6장의 시작부터 『**주께로 돌아가자**』라며 그들에게 강권하고 있다(1절). 비록 음행으로 타락한 이스라엘을 하나님께서 찢으시고 치셨을지라도, 주께로 돌이키기만 한다면 그들을 낫게 하시고 싸매주실 것을 확신하기 때문이다. 이렇듯 길을 잃고 방황하는 타락한 음녀인 이스라엘에 "돌아가자"는 선지자의 강력한 촉구는 그녀의 "첫 남편"인 하나님께로 돌이키라는 일종의 경고인 셈이다(호 2:7).

과거 출애굽 당시 이스라엘은 어떠했는가? 그들은 광야에서 틈만 나면, "이집트로" 돌아가자고 불평했다. 사실상 그들은 이집트에서 몸만 떠나왔을 뿐, 마음은 늘 거기에 머물러 있었다. 결국 입술로는 그들의 하나님을 섬긴다고 하면서 마음은 늘 주님을 떠나있었다. 『**이 백성이 입으로는 나를 가까이하며 그들의 입술로는 나를 존경하나 그들의 마음은 내게서 멀리 떠났으며 나를 향한 그들의 두려움도 사람들의 법규로 가르친 것이라**』(사 29:13).

이처럼 이스라엘이 늘 그들의 하나님께 등을 돌린 결과로 예루살렘 파괴(A.D. 70)와 숱한 전쟁을 겪었으며(A.D. 1000-1300), 영국과 로마 카톨릭에 의해 멸시와 박해를 받았다(A.D. 1200-1500). 심지어 아우슈비츠 가스실의 극심한 고통과 수모를 당했다(A.D. 1940). 그런 이스라엘을 하나님께서는 여전히 잊지 않으시고, 그들에게 약속하신 땅으로 반드시 돌아온다는 사실은 참으로 놀라운 사실이다.

역사적으로 보면 이스라엘이 A.D. 1947년에 디아스포라에서 자기 땅으로 돌아온 것은 사실이다. 하지만 그 땅은 여전히 "중동의 화약고"의 중심에 서 있다. 또한 앞으로 있을 대환란에서도 멸망의 아들이 이스라엘을 거의 소멸시키려고 할 것이고, 그들은 또다시 그 땅에서 쫓겨날 것이다(애 2~4장). 그러나 이스라엘을 징계하셨던 하나님께서 자기 백성을 구속하기 위해 다시금 치유의 손길을 내미시고, 그들은 민족적인 회개를 통해 『**주께로**』 돌아올 것이다. 그리고 회복된 이스라엘의 남은 자들은 그 땅으로 돌아오게 된다. 『**그 날에는 주께서 다시 두 번째로 손을 펴사 남아 있는 그의 백성의 남은 자들을 회복시켜 앗시리아와 이집트와 파드로스와 쿠스와 엘람과 시날과 하맛과 바다의 섬들로부터 돌아오게 하실 것이라**』(사 11:11).

2. "셋째 날"에 다시 살아나는 이스라엘

『이틀 후에 그가 우리를 살리시며, 셋째 날에 그가 우리를 일으키시리니, 우리가 그의 목전에서 살리라』(6:2).

본문 2절에서 『**셋째 날에 그가 우리를 일으키시리니**』라는 말씀은 예수 그리스도의 부활을 말씀하는 내용이 전혀 아니다. 왜냐하면 본문의 앞뒤 문맥에서 "주의 부활"과 관련된 내용이 전혀 나오지 않을뿐더러, 일으켜지는 대상 또한

『**그**』(마 17:23)가 아니라 『**우리**』이기 때문이다. 그러므로 이 구절이 말씀하시는 대상은 하나님께서 찢으시고 치셨던 이스라엘 곧, 영적으로 타락한 이스라엘의 민족적인 부활을 나타내는 것이다(겔 37장). 『**오 내 백성들아, 내가 너희의 무덤들을 열어서 너희의 무덤들로부터 너희를 나오게 할 때 너희는 내가 주인 줄 알 것이며 내 영을 너희 안에 두리니 그리하면 너희가 살리라. 또 내가 너희를 너희의 본토에 두리니 그때에 너희는 나 주가 그것을 말하였고 수행한 줄 알리라. 주가 말하노라**』(겔 37:13,14).

예수 그리스도의 재림을 나타내는 "날"(day)

본문 2절에서 말씀하시는 『**이틀 후**』와 『**셋째 날**』은 사실상 같은 날을 말한다. 그렇다면 이틀 후와 셋째 날로 특정되는 이날은 과연 어떤 날을 기준으로 말씀하시는 것인가? 이날은 예수 그리스도께서 이 땅에 오신 때로부터 계산된 날로, 예수 그리스도의 재림을 가리키고 있다(벧후 3:8). 결국 이날은 대환란이 끝나는 날이며, 예수님께서 공개적으로 모습을 드러내신 후 『**셋째 날**』에 행해진 "갈릴리 카나의 혼인식"과도 부합하는 날이다(요 2:1). 또한 이날은 "시내 산"에서 재현될 재림의 셋째 날로(출 19:16, 마 17장), 다니엘서에 기록된 "69주"와는 별도로 기록된 역사의 가장 분명한 시점을 보여 준다.

다른 한편으로 이날은 아벨을 죽인 이래로 "일곱 번째" 천년이 시작되는 날이기도 하다(계 20:1). 그래서 마태복음 17장에서는 『**엿새 후**』(마 17:1)라는 표현을 사용하시면서, 동시에 누가복음 9장에서는 『**약 팔 일째**』 (눅 9:28)는 표현을 쓰시는 것이다. 이처럼 "예수 그리스도의 재림" 과 관련해서 전천년주의적인 성경해석이 없다면, 이러한 날의 의미는 결코 이해할 수가 없다.

3. 이스라엘의 회복과 더불어 내리는 "비"

『만일 우리가 계속 주를 알고자 하면 그때 우리가 알게 되리라. 그의 나오심은 아침처럼 마련되어 있으며 그는 우리에게 비처럼 오시리니, 땅에 내리는 늦은 비와 이른 비처럼 오시리라』(6:3).

하나님께서는 이스라엘의 죄악으로 인해 그들에게서 물러나셨기 때문에, 그들이 아무리 주를 찾더라도 주를 만나지 못한다(호 5:6). 그러나 이것은 그들을 영원히 버리시는 것이 아니라, 그들이 범죄를 인정하고 주의 얼굴을 구할 때까지만 그렇게 하신다는 의미이다(호 5:15). 따라서 이스라엘이 형식적인 번제보다는 마음을 다해 주를 찾고자 한다면, 그들은 『**하나님을 아는 지식**』(6절)을 갖추게 될 것이다(3절, 사 11:9). 특히 다니엘의 70째 주가 시작되는 대환란에 접어들게 되면, 그때야 비로소 그들은 다니엘과 이사야, 예레미야, 요한계시록 등에 예언된 성경의 모든 계시들을 이해하게 될 것이다(계 12:17; 14:12). 그러나 지금 이 시대에는 그들 마음의 완고함으로 인해 그 모든 것이 가려져 있다. **『그들의 마음이 완고하여 오늘까지도 옛 언약을 읽을 때에 그와 같은 수건이 벗겨지지 아니하고 남아 있으나 그 수건은 그리스도 안에서 없어지는 것이라. 그러나 오늘까지도 모세의 글을 읽을 때에 수건이 그들의 마음을 덮는도다』**(고후 3:14,15).

재림 때 내리는 "늦은 비와 이른 비"

일곱 번째 천 년이 시작되는 날인 "주의 재림"은 태양이 떠오르는 것으로 시작된다. 이때에는 "대환란의 삼 년 반 동안 내리지 않던 비"(약 5:7, 계 11:6)가 내리는데, 이 비가 메마른 땅을 두루 적시며 아침이 시

작된다. 성경에는 주의 재림과 관련하여 이 땅에 내리게 될 "비"에 대해 여러 곳에서 언급하고 있다(욜 2:23, 스 10:9, 시 68:9; 72:6, 솔 2:11, 삼하 23:4).

그런데도 오순절 은사주의자들은 사도행전 2장의 오순절이 『**이른 비**』이고, 1900년 이후에 시작된 그들의 성령 운동이 『**늦은 비**』라고 주장하고 있다. 그러나 성경이 말하는 "이른 비와 늦은 비"는 그들의 주장과는 달리 1,900년의 간격을 두고 내리지 않았다. 그 비는 "첫째 달"에 함께 내린다. 『**그가 너희를 위하여 비를 내려 주시되 이른 비와 늦은 비를 첫째 달에 내리게 하실 것임이라**』(욜 2:23). 이때 자연이 회복되어 대풍작이 이루어지고, 이스라엘뿐 아니라 모든 육체에 성령이 부어진다. 그러므로 이 "비"는 교회와는 전혀 관련이 없고, 이 모든 일은 주께서 "이스라엘 가운데" 계시는 재림의 때에 일어날 것임을 깨달아야 한다(욜 2:24-28).

■ 새롭게 깨달았거나 적용할 내용이 있다면 적어 보세요. ■

배교한 이스라엘에 내려질 심판의 경고

1. "선함"을 내던져 버린 이스라엘

『오 에프라임아, 내가 네게 무엇을 하랴? 오 유다야, 내가 네게 무엇을 하랴? 이는 너희의 선함이 아침 구름 같고, 이른 이슬 같이 사라짐이라. 그러므로 내가 선지자들로 그들을 베었고 내 입의 말로 그들을 죽였나니, 네 심판들은 발산하는 빛 같도다』(6:4,5).

예수 그리스도의 재림과 이스라엘의 회복과 관련해서 언급하신 아침은 좋은 의미에서의 아침이다(3절). 그에 반해 4절에서 말씀하시는 아침은 "그들의 선함이 사라지는", 곧 "이스라엘의 배교"를 언급하는 나쁜 의미에서의 아침이다. 앞선 1절에서 "주님께로 돌아가자"고 촉구하던 선지자가 4절에서 갑작스레 불길한 아침을 예고한 것도 이스라엘이 『**선한 길**』(렘 6:16)을 버리고, 정반대의 길로 『**계속**』(3절) 갈 것이기 때문이다. 그래서 호세아는 그들이 『**아침 구름과 같고 사라지는 이른 이슬 같으며, 타작마당에서 회오리바람에 날리는 쭉정이 같고 굴뚝에서 나는 연기**』(호 13:3)같이 될 것임을 미리 경고하는 것이다(4절).

지금 하나님은 그들을 향해, "너희가 『**너희의 선함**』을 버렸으므로, 내가 너희에게 『**네 심판들**』(네가 받을 심판들, cf. 습 3:15, 계 18:10)을 행할 것"이라고 경고하신다(5절). 결국 에프라임과 유다가 직면하게 될 심판들은 발산하는 빛처럼 그들에게 임하게 될 텐데, 그 이유는 그들이 하나님께로 돌아오지 않고, 곧장 그 심판들을 향해 가고 있기 때문이다(잠 7:21,22). 또한 그들에게 임할 심판은 과거 이스라엘에 행하신 것처럼, "선지자들"과 "하나님의 입에서 나온 말"을 통해서 내려질 것을 예고하고 있다. 『**아합이 이세벨에게 엘리야가 행한**

모든 일과 그가 모든 선지자들을 어떻게 칼로 죽였는가를 말하니』(왕상 19:1).

특히 5절의 『**내 입의 말**』은 하나님의 말씀 곧, 성령의 칼이다(엡 6:17). 이 칼은 양날이 있는 어떠한 칼보다 예리할뿐더러(히 4:12), 고통당하는 자들을 "위로"(시 119:50)하기도 하고, 또 다른 한편으로는 평안하다고 자만하는 자들을 "심판"(암 7:17)하는 양면성을 가지고 있다. 이러한 칼의 심판은 최종적으로 예수 그리스도께서 재림하실 때 이 땅에서 일어날 것이다. 『**그의 입에서는 예리한 칼이 나와서 그것으로 민족들을 칠 것이요**』(계 19:15).

2. 『하나님을 아는 지식』을 거부하고, 『언약』을 위반한 이스라엘

『나는 자비를 원하고 희생제를 원치 아니하나니, 하나님을 아는 지식이 번제보다 낫도다. 그러나 그들은 사람들처럼 언약을 위반했으며 거기서 나를 거역하여 패역되이 행하였도다』(6:6,7).

본문 6절은 예수님께서 "두 번"(마 9:13; 12:7)이나 인용하실 만큼 중요한 구절로, 선지자 호세아가 사무엘상 15:22를 변형해서 인용한 것이다. 『**주께서 번제와 희생제를 주의 음성에 복종하는 것만큼 크게 기뻐하시나이까? 보소서, 복종하는 것이 희생제물보다 낫고, 경청하는 것이 숫양의 기름보다 낫나이다**』(삼상 15:22). 그런데 "자유주의 학자 양반들(?)"은 본문 6절의 "희생제를 원치 아니하나니"라는 말씀을 예레미야 7:22와 결부시킨다. 『**내가 너희 조상들을 이집트 땅에서 인도해 냈던 그 날에는 번제나 희생제에 관해서 그들에게 이르지도 않았고 명령하지도 아니하였으며**』(렘 7:22). 그러면서 레위기의 율법 전체가 다윗 이후에 다시 쓰였다고 믿는다. 그러나 레위기의 율법은 외적인 "의식법"뿐 아니라, 내적인 마음의 태도를 나타내는 "도덕법"까지 포함한다. 결국 성경의 저자이신 성령님의 의도는 이스라엘이 하나님을 아는 지식을 통해 그들의 하나님께로 돌이키고, 이로써 겸손함 가운데서 주를 온전히 섬기게 하려는 데 있다(vs. 호 7:10). 그래서 "하나님의 자비"와 "번제"를 비교한 것뿐이다.

또한 본문 7절의 『**사람들처럼**』(like men)을 잘못 이해하면, 앞에 나오는 『**그들**』은 사람이 아닌 어떤 다른 존재로 오해할 수 있다. 그러나 7절은 단순히 약속을 쉽게 저버리는 본성을 지닌 인간을 언급한 것뿐이다. 『**그러나 너희가 사람들처럼 죽게 될 것이며 통치자들 중의 하나같이 쓰러지리라**』(시 82:7). 이처럼 인간은 『**악하고**』(창 8:21, 욥 25:4), 『**연약하며**』(시 9:20, 욥 7:17), 『**화해하지 않는**』(딤후 3:3) 등의 특징을 가지고 있다. 이러한 맥락에서 이스라엘이 "사람들처럼" 하나님과의 "언약을 위반"했다고 지적한 것이다(민 14:34, 렘 11:10; 31:32, 겔 16:38, 59). 결국 "언약을 파기하고 위반"한 이스라엘은 그 죄에 대해 고스란히 돌려받게 될 것인데, 이후 대환란 때 적그리스도가 그들과 맺은 언약을 깨고 그들을 박해할 것이기 때문이다(시 55:20, 단 9:27).

3. "음행과 살인"으로 뒤덮인 이스라엘 집

『길르앗은 죄악을 행하는 자들의 성읍이며, 피로 오염되었도다. 강도떼들이 사람을 기다리는 것같이 제사장들의 무리가 하나 되어 길에서 살인하나니, 그들이 추잡한 짓을 행하는도다. 내가 이스라엘 집에서 끔찍한 일을 보았나니, 거기에 에프라임의 음행이 있고 이스라엘은 더럽혀져 있도다』(6:8-10).

본문 8절에는 『**길르앗**』을 "죄악을 행하여 피로 오염된" 성읍이라 일컫고 있다. 하지만 성경 어디에도 "길르앗"이라 불리는 한 개의 성읍(city)은 존재하지 않는다. 다만 요단 동편과 북동편을 가로지르는 산악지역이거나(창 31:21, 민 32:1), 또 다른 곳에서는 "길르앗 성읍들(cities)"로 언급되어 있을 뿐이다(판

12:7, 민 32:26). 비록 이 지역과 가장 밀접한 성읍의 이름이 "라못-길르앗"이긴 하지만(민 32:26), "길르앗"이라 불리는 성읍으로 추정할 수 있는 참조 구절(왕하 15:29)에서조차 두 개 이상의 성읍이 등장한다. 이뿐 아니라 "납달리 온 땅"과 "갈릴리 지역"을 나타내는데도 그 이름이 언급되고 있다(왕상 15:20).

그런데도 본문은 길르앗 "지역"을 "한 성읍"으로 말씀하신다(cf. 계 18장, 큰 도성 바벨론). 그 이유는 바로 제사장들의 무리가 『**하나되어**』(by consent), 강도떼처럼 길에서 『**살인**』하고(행 7:52), 『**추잡한 짓**』을 행하기 때문이다(9절, cf. 렘 13:27, 호 2:10). 즉 이스라엘의 집이 추잡한 『**음행**』과 『**끔찍한**』 살인으로 뒤덮이고 있기 때문이다(10절).

제사장들은 사실상 자신들의 성별뿐 아니라, 속죄제와 번제와 희생제를 통해 언약의 백성들을 하나님 앞에 깨끗하게 해야 할 의무가 있다(레 8~9장). 하지만 그들은 하나님께 묻지 않고 오히려 살인자들과 함께 멸망의 길로 향하고 말았다(렘 2:8; 5:31, 미 3:9-11, 습 3:4, 요 12:10, 호 3:4). 『**그녀의 제사장들은 내 율법을 위반하고 내 거룩한 것들을 더럽혔으며 거룩한 것과 불경한 것 사이에 차이를 두지 않았고 그들은 불결한 것과 정결한 것 사이에도 차이를 보이지 아니하였으며 나의 안식일들로부터 그들의 눈을 감추었으니 내가 그들 가운데서 모독을 받았느니라**』(겔 22:26, cf. 벧전 2:9).

『**오 유다야, 그가 또한 너를 위하여 추수를 정해 놓았으니, 내가 내 백성의 사로잡힘을 돌이킨 때라**』(11절). 본문 11절에서의 『**그**』(he)는 하나님이 아니라, 10절에서 언급한 "이스라엘"을 가리킨다. 과거 "에스라-느헤미야" 시대에 유다가 사로잡힘에서 돌아왔을 당시, 그들에게는 『**추수**』할 것이 있었다(느 13:1-23). 그 추수는 다름 아닌 앗시리아 왕이 사마리아에 심어 놓은 것으로(왕하 17:24), 사로잡혀간 이스라엘을 대신한 『**혼혈의 무리**』인 이방인들이다(느 13:3, 요 4:9, cf. 출 12:38). 결국 이스라엘은 사로잡혀가기 전에 그들의 죄악으로 "추수"할 것을 미리 준비한 꼴이 된 것이고(왕하 17:16), 결국 유다가 돌아와서 그 "추수"를 거둬들인 셈이 되었다. 『**그들이 그 율법을 듣자 혼혈의 모든 무리를 이스라엘로부터 분리하였더라**』(느 13:3).

이러한 일은 대환란 이후 이스라엘이 사로잡힘에서 돌이킬 그날에도 반복될 것이다. "하나님의 계명들을 지키며 예수 그리스도의 증거를 가진" 이스라엘의 남은 자들이 그들의 땅으로 돌아올 그때, 그들에게도 여전히 정리해야 할 『**추수**』가 남아 있을 것이다.

■ 새롭게 깨달았거나 적용할 내용이 있다면 적어 보세요. ■

NOTES

NOTES

제8과

에프라임은 뒤집지 않은 과자로다(7장)

『에프라임, 그는 백성 가운데서 스스로를 혼합시켰으니, 에프라임은 뒤집지 않은 과자로다』(호 7:8).

패역한 이스라엘의 모습 1. 뒤집지 않은 과자(1-8절)

"패역한 이스라엘"에 대한 심판의 내용은 호세아 7장에서도 이어진다. 『**내가 이스라엘을 치유하려 했을 때**』(1절). 하나님께서는 "금송아지"와 "바알"을 위시하여 우상들을 숭배한 북왕국 이스라엘을 치유하고 회복시키려 하셨다. 말하자면 그들에게도 회복할 수 있는 기회가 있었다. 특히 "예후의 왕조"가 그러했는데, 이는 "예후"가 하나님의 명령에 따라 "아합의 죄," 즉 "바알 숭배"를 근절한 인물이었기 때문이다. 하지만 그는 "여로보암의 금송아지 숭배"를 근절시키지는 못했다(왕하 10:29-31). 예후의 아들인 "여호아하스" 때도 기회가 있었으며(왕하 13:4-6), 그의 아들인 "여호아스" 때도 마찬가지였다(왕하 13:10,11). 하지만 그 모든 기회는 무산되었고, 결국 이스라엘의 패역한 모습은 그의 아들 "여로보암 2세"로 넘어오는데, 바로 이 무렵에 활동했던 선지자 호세아는 그들의 패역한 모습을 보면서 본문 1절을 기록하게 된다.

『**내가 이스라엘을 치유하려 했을 때, 에프라임의 죄악과 사마리아의 악이 드러났으니, 이는 그들이 거짓을 행하고, 도둑이 안으로 들어오며, 강도떼가 밖에서 약탈함이라. 그들은 내가 그들의 모든 악을 기억하고 있음을 그들의 마음속에 생각하지 않는도다. 이제 그들 자신의 행위가 그들을 에워쌌으며 그들은 내 면전에 있도다**』(1,2절). 하나님께 숨길 수 있는 것은 아무것도 없다. 하나님께서는 우리 마음속에서 생기는 일들을 일일이 다 아신다(겔 11:5). 하나님께 숨길 수 있을 것이라고 생각하는 것 자체가 어리석고 무모한 짓이다(잠 15:3,

시 90:8). 그래서 우리는 언제 어느 장소에 있든지 항상 "하나님의 면전에" 서 있다는 사실을 잊지 말아야 한다.

『그들은 그들의 악으로 왕을, 그들의 거짓말로 고관들을 기쁘게 하는도다. 그들은 모두가 간음하는 자라, 빵 굽는 자에 의해 달구어진 화덕 같아서, 그가 반죽한 후에는 *불을* 일으키기를 그치니 반죽이 발효될 때까지만 하느니라』(3,4절). 말하자면 이들은 "발효되는 동안"만 잠시 중단할 뿐 온종일 "정욕"으로 불타 있는 것이다. 그렇게 정욕으로 불타 있는 자들을 하나님께서는 "실제적인 불"로 심판하신다. 그에 대한 본보기가 바로 "소돔"이었다(유 1:7).

『우리 왕의 날에 고관들은 포도주 병들을 가지고 왕을 병나게 하였으며, 그는 조롱하는 자들과 더불어 그의 손을 펼쳤도다』(5절). 이 구절은 "왕들과 고관들이 술을 마시는 문제"를 다루고 있는데, 성경은 왕이 "술을 마시는 것"을 금하고 있다(잠 31:4,5). "술"은 공정한 판단을 할 수 없도록 분별력을 흐리게 만들고 많은 부정적인 결과들을 낳는다(잠 23:29-33). 그래서 **『술은 붉고 잔에서 빛을 내며 매끄럽게 내려가나니, 너는 술을 쳐다보지도 말라.』**(잠 23:31)라고 경고하는 것이다. 그러한 술은 병이 나게 하고 조롱하는 자들과 함께하도록 만들며, 또한 음행하게 한다. **『그들이 엎드리어 기다릴 때에 그들의 마음을 화덕같이 준비하였으니, 그들의 빵 굽는 자는 밤새도록 자고 그것은 아침에 불꽃처럼 타는도다. 그들은 모두 화덕처럼 뜨거워져서 그들의 재판관들을 삼켰으며 그들의 모든 왕들은 쓰러졌으니, 그들 가운데 나를 부르는 자는 아무도 없도다』**(6,7절). **『마음을 화덕같이 준비』**(6절)했다는 것은, 그들의 마음이 간음과 음행으로 불타올랐음을 보여 준다(4절).

그렇게 불을 피워 놓은 채로 잠을 자러 간 결과 북왕국 이스라엘은 "뒤집지 않은 과자"가 되고 말았다. **『에프라임, 그는 백성 가운데서 스스로를 혼합시켰으니, 에프라임은 뒤집지 않은 과자로다』**(8절). 한쪽은 설익고 다른 한쪽은 바싹 타서 먹지 못하는 상태가 된 것이다. 왜 그렇게 된 것인가? 이방인들과 혼합

했기 때문이다. 이들이 무절제하리만치 정욕이 난무했던 것은 그들이 이방 가운데 섞였기 때문이다. 그래서 그들은 이방인들의 더러운 행위들, 곧 동성연애, 수간, 근친상간, 게으름, 거짓말, 절도, 사탄 숭배 등을 배우게 되었다. 특히 이런 죄들이 "통치자들"에게서 나타났으니, 그들의 음행으로 불태워진 화덕은 "재판관들"을 삼켰고 "왕들"을 쓰러트린 것이다. 결국 왕들 가운데는 주님을 부르는 자가 아무도 없게 되었다(7절).

패역한 이스라엘의 모습 2. 백발(9,10절)

『타국인들이 그의 힘을 삼켰으나 그는 그것을 알지 못하나니, 정녕, 백발이 그에게 여기저기 생겨도 그는 알지 못하는도다. 이스라엘의 교만은 그의 얼굴에 증거가 되는도다. 그들은 이 모든 일을 당하여도 주 그들의 하나님께 돌이키지 아니하며 그를 찾지도 아니하는도다』(9,10절). "백발"은 하나님의 도우심이 끊겨서 더 이상 힘을 쓸 수 없는 상태를 말하는데, 이스라엘 백성은 여전히 하나님께서 그들을 도우시는 줄로 착각하고 있다. [참고로 "백발"이 긍정적인 의미로 사용되는 경우가 있다. - 잠 16:31]

■ 새롭게 깨달았거나 적용할 내용이 있다면 적어 보세요. ■

패역한 이스라엘의 모습 3. 어리석은 비둘기(11-13절)

『에프라임은 또한 마음 없는 어리석은 비둘기 같으니 그들은 이집트를 부르며 그들은 앗시리아로 가는도다. 그들이 갈 때에 내가 내 그물을 그들 위에 쳐서 하늘의 새들처럼 잡아 내리고 그들의 회중이 들었던 바와 같이 내가 그들을 징계하리라』(11,12절). "어리석은 비둘기"로 묘사되는 북왕국 이스라엘은 하나님께 도움을 구하지 않고 꽤나 힘이 있다고 생각되는 주변 이방 민족이나 동맹국들에게 가서 도움의 손길을 요청하는 "어리석은 행보"를 보이고 있다(왕하 15:19,20; 16:7-9; 17:3,4 등). 그렇게 "엉뚱한 곳"에서 도움을 요청하다가 결국은 멸망하고 마는데, 그들 위에 그물을 쳐서 그들을 잡아 내리고 징계하시겠다는 하나님의 경고대로 된 것이다(12절, cf. 렘 16:16-18).

『그들에게 화가 있으리라! 이는 그들이 내게서 도망하였음이라. 멸망이 그들에게 있으리라! 이는 그들이 나를 거역하여 범죄하였음이라. 내가 그들을 구속하였는데도 그들은 나를 거역하여 거짓말을 하였도다』(13절). 이것이 바로 "하나님의 진노의 심판"을 받을 수밖에 없는 "이스라엘의 현재 모습"이다. 특히 그들은 하나님께서 그들을 구속하셨는데도(호 13:4, 출 6:6,7), 그들을 구속하신 하나님께 거역하고 거짓말을 서슴지 않았다.

패역한 이스라엘의 모습 4. 속이는 활(14-16절)

북왕국 이스라엘은 자기들을 구속해 주신 분이 누구인지 분명하게 알고, 그에 합당한 삶을 살아야 했다. 하지만 그들은 그렇게 하지 못했다. **『그들이 그들의 침상에서 울부짖을 때에도 그들은 전심으로 내게 부르짖지 아니하였도다. 그**

들은 곡식과 포도주를 위하여 모여서 나를 대적하여 반역하는도다. 내가 그들의 팔을 잡아서 힘을 주었으나 그들은 나를 대적하여 악을 꾀하는도다』(14,15절). 이스라엘 백성이 울부짖지 않은 것이 아니다. 그런 울부짖음에 "하나님"이 빠져 있었고, 또 전심으로 부르짖지 않은 것이 가장 큰 문제였다. 곡식과 포도주 등 먹을 양식을 구하기 위해 그들이 모이지만, 그것은 자기들을 구속하신 하나님을 대적하고 반역하기 위한 모임이었을 뿐이다. 심지어 하나님께서는 그들을 도우시고 상처도 싸매주시기 위해 그들의 팔을 잡고 힘도 주셨지만, 그들은 그런 하나님의 은혜를 거부한 채 오히려 하나님을 대적하여 악을 꾀하기만 했다. 그들은 하나님께로 돌아오지 않는다. 자기들을 구속하신 하나님께 반역하기만 할 뿐 돌아오지 않는 것이다.

이런 모습에 대해 성경은 "속이는 활"로 묘사하고 있다. 『**그들이 돌아오나 지극히 높으신 분께로 가지 아니하는도다. 그들은 속이는 활과 같으니, 그들의 고관들은 그들의 혀의 사나움으로 인하여 칼에 쓰러지리로다. 이것이 이집트 땅에서 그들의 조롱거리가 되리라**』(16절). "속이는 활"이란 화살을 과녁을 향해 제대로 쏘지 않고 엉뚱한 방향으로 날아가게 만드는 활을 의미한다. "속이는 활"은 "죄"에 대한 고전적인 정의이기도 한데, "죄"에 해당하는 헬라어 "하말티아"는 과녁에 이르지 못하거나(롬 3:23) 과녁에서 빗나가는 것을 의미한다. 여기서 "과녁"은 "하나님의 의"와 "하나님의 성품"을 가리킨다. 즉 하나님의 의와 성품에 이르지 못하거나 거기서 빗나가는 것이 바로 "죄"인 것이다. 이처럼 북왕국 이스라엘은 하나님을 거역하여 죄를 짓는 "속이는 활" 같은 민족이었다.

한편 이스라엘의 고관들은 그들의 "혀의 사나움"으로 인해 칼에 쓰러지는데, 이는 "혀"가 "칼"이기 때문이다(잠 25:18; 26:22). 혀가 칼이 되어 그들을 쓰러트렸든지, 물리적인 칼에 의해 쓰러졌든지, 그들이 "하나님의 심판"으로 쓰러진 것은 분명하다. 이것이 바로 "지극히 높으신 분"께로 돌아가지 않고 이집트나 앗시리아에게로 가서 도움을 요청하려고 기웃거린 죄에 대한 엄중한 대가이다.

그래서 『**이것이 이집트 땅에서 그들의 조롱거리가 되리라.**』(16절)라고 말씀하는 것이다(사 30:1-5). 그렇게 이집트로 가 버린 흩어진 이스라엘 백성들은 그 곳 이집트에서 조롱거리가 되었고, 결국 그곳에서 쓰러져 묻히게 된다. 『**보라, 그들이 멸망으로 인하여 갔느니라. 이집트는 그들을 모으고 멤피스는 그들을 묻으리라. 그들의 은을 위한 기쁜 곳, 그곳들은 엉겅퀴가 차지할 것이요, 그들의 장막 안에는 가시나무들이 있으리라**』(호 9:6).

■ 새롭게 깨달았거나 적용할 내용이 있다면 적어 보세요. ■

NOTES

NOTES

솔로몬 성경공부 시리즈

호세아

제1권 내 백성이 지식의 부족으로 멸망하는도다(1-7장)

초판1쇄 2023년 11월 3일
초판2쇄 2024년 4월 23일
지 은 이 / 편 집 부
발 행 인 / 박 승 용
발 행 처 / 말씀보존학회
출판등록 / 제409-2022-000036호
주 소 / 서울 강서우체국 사서함 제90호
전 화 / (02) 2665 - 3743
팩 스 / (02) 2665 - 3302
인 터 넷 / www.biblemaster.co.kr

잘못된 책은 바꿔 드립니다.

값 10,000 원